佐藤学

対談集

身体のダイアローグ

【対談者】

養老孟司（解剖学）

藤原新也（写真家・作家）

中沢新一（宗教学）

谷川俊太郎（詩人）

三善晃（作曲家）

松岡心平（日本中世演劇）

芦原太郎（建築家）

鮎川透（建築家）

趙恵貞《チョウ・ヘジュン》（文化社会学）

栗原彬（政治社会学）

太郎次郎社

身体のダイアローグ

佐藤学

対談集

太郎次郎社

佐藤学対談集

身体のダイアローグ

目次

Ⅲ 交差する身体

I 喪失する身体

❖養老孟司…ようろう・たけし
解剖学。北里大学理学部教授。1937年生まれ。
解剖学研究とともに、
評論やエッセイなどの執筆を多く手がける。
著書に『ヒトの見方』(筑摩書房)、『唯脳論』(青土社)、
『涼しい脳味噌』正・続(文藝春秋)などがある。

❖藤原新也…ふじわら・しんや
写真家・作家。1944年生まれ。
20代からアジア全域を旅し、
四半世紀にわたる旅のなかから多くの作品を上梓。
代表作に『印度放浪』(朝日文庫)、
『全東洋街道』上下巻(集英社文庫)、
『東京漂流』(朝日文庫)などがある。

❖中沢新一…なかざわ・しんいち
宗教学。中央大学総合政策学部教授。1950年生まれ。
『チベットのモーツァルト』『森のバロック』(以上、せりか書房)、
『はじまりのレーニン』(岩波書店)、
『野ウサギの走り』(中公文庫)、
『フィロソフィア・ヤポニカ』(集英社)ほか、著書多数。

身体によって感受される現実（アクチュアリティ）は、
言葉によって構成される現実（リアリティ）よりも
はるかに豊穣である。
モノが喚起する身体の想像力は、
ほとんど無限と言ってよい。
その意味で、言葉はいつも身体を裏切っている。
しかし、その身体を蘇生し活性化するのも、
やはり言葉の想像力なのである。

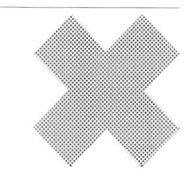

教育における死と身体
唯脳化社会から生身のからだをとり返す

対談者
養老孟司

“死”を考えることをタブー視してきた戦後

佐藤　養老さんは、一九九五年の六月、オウム真理教の問題をめぐって、朝日新聞でつぎのような問題提起をされています。現在、公教育のなかで哲学と宗教が不問に付されているが、それは、戦後教育が教育勅語をかたちのうえでは消したが、その精神は残してしまったからではないか。君に忠、親に孝というマニュアルこそ消したが、結局、精神は残っている。だから、自分の頭でものを考え、自分の存在の意味を探る、哲学・宗教にかかわる問題を不問に付したままで来てしまった。そこをオウム真理教がすくい取ったのではないか、と。（「真の哲学と宗教を教えぬ公教育の罪」九五年六月二日朝刊）

これはひじょうに現状を衝いていると私には思われました。この問題をつき進めると、身体とか死という問題をタブーにしてきた教育の状況が浮かびあがってきます。さらに、そのネガのように昨今の「いじめ問題」には、若者や子どもたちが陥っている「死のイメージ」が——かなりバーチャルな(仮想的な)ものですが——横たわっているのではないかと思われます。この「死」を、正面から教育の問題に据える必要があるのではないかと考えまして、きょうは養老さんにご意見をうかがいたいと思っています。

最初に、この文章を書かれた趣旨をご説明いただけないでしょうか。

養老 私はオウムの問題には、自分の学生に信徒がいたりもしましたので、関心がありました。医学部の学生が、「尊師が水の底に一時間います」という話をして、「先生、その証人になってください」という。「この子の頭のなか、どうなっているんだろう」と、ひじょうに印象づけられました。

東大の医学部の学生のなかには、紛争時代には創価学会、そのあとは統一原理、それから幸福の科学とオウム真理教と、そういうものに強く魅かれる学生が一部に脈々といるのです。それからもう一つ、私が助教授のころから目立ちはじめた傾向が、オカルトです。超常現象、超能力に対する若い人の興味が急速に高くなった。どうしてこういうものに学生が魅かれるのかを考えると、そういう学生たちには何か共通性があるようです。自分の育った環境について、フランクに友だちと話ができない。いわば、現代の社会のマイナスの部分を黙って抱え込んでいる。そんな学生が一般の学生のなかに入ったときに、自由に話ができず、似たような若者たちが集まるということもあるのではないかと思われます。

もっとも、オウムの学生などは、明らかに晴れ晴れとやっていますね。そして、私がしている講義とは矛盾する話を聞かせてくれる。人間が一時間、水のなかにいられるわけがない。酸素の供給を五分間絶ったら脳が壊れると教えているのに(笑い)。「おまえ、おれの講義とオウムと、どういうふうに頭のなかで同居させているんだ」と。しかし、助手とか大学院生たちがこういったことをとくとくと話しているのを見ると、「これは、いかんわ」と思いました。

ＮＨＫで立花隆さんが臨死体験特集をやって、いろいろ考えさせられましたが、あれだけ臨死体験や番組への関心が高まったのは、明らかに〝需要〟があるからだと思います。そこらへんから、ふだん自分が考えていることとの関連も出てきて、日本の社会はこれからいったいどう動くか、私も考えざるをえなくなりました。

もう一つ、職業上の理由があります。私は死体という、日常生活からいえばひじょうに特殊なものを扱っていますが、そこから見ると、この世間はかなりべつなふうに見えるのです。死体というものは、ご存じのように、いったん死ぬと世間の外へ出されてしまう、特殊なものです。日本の世間というものは、死体をそのなかに包みこむかたちにはなっていません。いかに重病の人であろうと、そのお見舞いに行って帰ってきても塩をまく必要はないが、お葬式から帰ってきたら塩をまく。死んだ瞬間から、それはべつな存在になるという文化なのですね。私たちは死体を、心のなかでひじょうに深く切り捨てている。その切り方というのは、私はよくいうのですが、〝障子〟と同じなのです。

障子が閉めてあると、私も子どものころにやった覚えがありますが、穴をあけて覗く。これはひじょうに象徴的だと思うのですが、障子というものは、世界のどこに行ってもドアとしては通用しないペラペラのものので、音も聞こえる。その障子にわざわざ穴をあけて覗くというのは、障子を開けてはいけないということが、いかに意識のなかに強く入っているかということです。私たちは「死」に対しても、ひじょうに深く心のなかで線を引いて、いってみればある種の文化的な隔離、あるいは排除、タブー化をしているわけです。

そういうところからみると、どうしても日本の社会は、いろんな意味で無意識に抱えこんでいるものがある。教育についてそれを考えるとなんだろう、というと、教育勅語はどこへ行ったんだ、あれだけやったものがなくなるわけはない、ということになるわけです。文面は消したけど、その精神はどうもきれいに残してしまっているのではないか。

無意識に入ってしまったものに、現代人はわりと弱いのです。死の問題とか身体の問題は、無意識のなかへ排除した典型でしょう。死も身体も、心のなかで引いた線の向こうのもので、それは考えないという約束が、現代のわれわれの社会を強く規定している。多少興味をもっても、それはしかし、障子に穴をあけて覗いているようなもので、「なんで障子を開けないんだ」といいたくなるのですが、それができないんだな。

〝型〟を失った身体は意識だけが肥大していく

佐藤　私も、オウムの事件のときに日本人の闇の深さをいちばん感じました。しかし、戦後の教育は〝光〟

の面だけを、生死でいえば生きていくことの意味だけを、扱ってきたと思います。戦後復興や高度成長をやってきた人間や企業の体質とは、死から目をそむけて、生きることだけに邁進するものだったと思うのです。それを教育がバックアップするというかたちのなかで、じつはいちばん解決されなければいけない人間の〝闇〟の部分に、いっさい手をつけてこなかったのではないでしょうか。そのツケが全部、いま来ているのではないかと思います。

養老　それに関連して、今年(九六年)の『新潮』の新年号に書いたのですが、私はオウム事件ともっとも親近性の高い戦後の事件は、三島事件ではないかと思っています。オウムはヨーガ、つまり身体から入りました。そして、それが日本の伝統――オウムの場合にはもっとさかのぼって仏教までいきますが――と結びついている。三島は、身体から入って日本の伝統と結びつき、そして最終的にできあがったかたちは何かというと、生首でした。これはじつに示唆的なことです。

じつは、脳のなかでは、首と胴体とは切れているのです。脳の上部から下部へ向かって、身体は足のほうからきれいに割りつけられているのですが、首までくると逆転して、頭は上部から下部へ、割りつけられている。つまり脳のなかでは身体は逆立ちしていて、首でいったん切れて、頭はまっすぐだというわけです。これには案外、重要な意味があるのではないかと思うのは、コウモリの身体は脳のなかでわれわれとは逆に割りつけられている。それがコウモリの逆立ちと関係あることは間違いないわけですね。首から上、首から下という解剖学的な違いは、文化的にも重要な意味があるのではないかと思いはじめたのです。

日本の伝統では、とりわけ修行ということが重んじられます。修行を道と呼び、できあがったものを型と呼びますが、これが伝統的な教育とは切っても切れない。しかし、日本はその型を、明治でまずそぎ落として、終戦後、徹底的に切り落とした。このことを唐木順三は、大正時代以降は軍隊だけが型をもち、その軍が日本全体を引っ張り、それが戦争の悲劇につながった、と指摘しました。

ところで、道とか型とかは、ぜんぶ首から下だということです。身体の所作というものを文化のなかでいかに完成させていくかという、つまり、首から下をコントロールすることを一生の仕事に、いや、何代もかかってやることと位置づけていたのが、われわれの文化だったのではないかということです。しかし、明治以降、とくに戦後、首から上が肥大化してゆきます。身体ではなく、言語の文化、脳の文化になっていった。

三島は、日本の伝統を考えたときに、身体に回帰しました。そして、その身体をいじり始めたら、生首になってしまった。まさに脳そのものになった。それとまったく同じことが、私はオウムで起こったのではないかと思うのです。戦前の軍隊で起こったこと、三島に起こったこと、オウムで起こったことは、じつはぜんぶ同じことではないか。そうすると、首から下ってなんだ、ということになる。言語ではコントロールできない首から下にヘタに手をつけたら、軍も三島もオウムも、頭がすっ飛んでしまった。これはひじょうに恐い。

そこではじめてわかるのは、われわれの祖先がやってきた修行とか道とかは、身体をコントロールするうえで案外、大事なことだったのではないかということです。子どもたちが大好きなマンガに『ドラゴンボール』（鳥山明）というのがあるでしょう。何十巻も出ていてとても売れている。あれは修行、修行、修行の物語ですよ。子どものほうが必要なものをはっきり知っているんじゃないかなあ。

身の技の喪失が、他者の眼差しも消した

佐藤　明治以降の教育とそれ以前の教育とで何がいちばん違うかというと、いまおっしゃった修行の部分だと思うのです。文化というのは身の技だったんですね。その身の技の伝承は、けっして結果としての知識や技術だけではなくて、それにいたる、モノへのかかわりようとか、人とのかかわりようというものを、所作として伝えていたわけです。学校もそういう場所であって、お師匠さんというのは、なによりも所作の伝承のモデルになっていた。模倣の教育、身体を動員した身ぐるみの学びが、明治以前の教育の基本でした。

明治の最初に西洋文化をとり入れて教育した当事者たちをみると、そういう身ぐるみの学びの伝統をまだ保っていたものですから、身体技法として西洋文化をとり入れていますね。ところが、ある時期からそれがバサッと切れてしまって、身体がぜんぶ抜け落ちてしまった。

養老　私は、それはどうも大正期ではないかという気がするのです。唐木さんもそのように指摘していますが、いわゆる大正文化、大正の知識人は、型を喪失した最初のタイプではないか。典型的には芥川龍之介です。そしておもしろいのは、その大正の時期に、自己というものの観念が明らかに変質してくるということ

です。

江戸までの自己は、士農工商、現在でいえば、名刺の肩書きです。それがあれば、自分が世間のなかにどう位置づけられるか説明の必要がない。たとえば、本居宣長は国学の研究者として知られていますが、本業は伊勢松坂のお医者です。つまり、同時代の人びとは、宣長を伊勢松坂の医師であると認定して、宣長にとっては自分が世間のなかにどう位置づけられるかということについては、説明の要がない。他人が見る自己というものを保証する制度が、じつは封建制度なのです。

ところが、明治以降、それを壊した。他人が見る自己が壊れてしまうと、今度は自己とは何者かを他人に説明しなければならなくなった。それが私小説であり、私小説の開始は大正ごろからです。肩書がなくなって、おれは何者であるかを語って、無限の説明に陥るという情況がはじまったわけです。その社会を引っ張ってしまったのが、唯一、型をもっていた軍であった。

佐藤　オカルトに没頭したり、新・新宗教に傾倒したりする学生たちは、私も見ていて、隣人とコミュニケーションできない不器用さが特徴的だと思いますが、それとともに、彼らは〝私語り〟はいくらでも綿々と際限なく話しますね。ところが、自分が外からどう見えるか、つまり他者の眼差しというのがいっさいない。オウム真理教はまさにそうで、外部の眼というものが、つまり絶対的他者が、そこには存在しない。どうしてそうなっているのかは、いまのお話を聞いて、ひじょうによくわかります。

身体と生死の問題に教育はどうかかわれるか

佐藤　ところで、絶対的他者、つまり自分が何者かということを自分の外で定義するもう一つの眼差しを失ったなかで、いま、子どもたちは生きています。しかし、死者こそは、この絶対的他者ではないでしょうか。死体に触れるということを経験すると、「他者というのはこれなのだ」と、まざまざと知らされます。私たちが死体から隔離されている世界で生きているというのは、他者をもたないで自己だけで生きて、浮遊しているということでもありますね。

一方、いまの子どもたちの生活世界、とくにテレビの世界には、死者が溢れています。アメリカのある哲学者は、「小学校を卒業するまでに、一人の子どもが八千人の殺人を体験する」といっています。八千人の殺人を見ても、現実の死者とは出会っていない。日本でも、バーチャルな死を絶えず絶えず情報として浴びせられながら、子どもたちは現実の死とぜんぜん出会っていません。

養老　幼稚園の保母さんたちが五百人ぐらい集まった会でお話ししたことがあるんです。そのときに保母さんがいうのに、ある幼児が、オレ、死ぬの恐いよ、といったというのです。ものすごく短絡しているのですね。自殺がそうだと思いますが、きわめて早く結論に行ってしまって、途中のプロセスが全部すっ飛ばされてしまっているのです。

それで、私はしようがないから、死体の展示ということをやっているわけです。たとえば、九五年には国立科学博物館・解剖学会・読売新聞社の共催で「人体の世界」という展示をやった。そのまえに東大の総合研究資料館でもやりました。そうすると、ものすごい数の人が入ります。

じつは、江戸時代に医師が解剖をやると、そこでもひじょうにたくさんの観客が入って、茶店が出たという記録が残っている。江戸期には、解剖がかなり頻繁に行なわれていたのですね。たとえば杉田玄白ですが、彼が見た解剖は、べつに彼らが自分で企画したわけではないのです。南町奉行所から、いつ幾日に解剖があるという知らせがあって、それを見にいったと、『蘭学事始』に書いてある。こうした解剖、死体を見聞することが、いろんな意味で〝解毒剤〟になるということを、人びとは経験的に知っていたのではないでしょうか。これは江戸だけでなく、日本中でやられていたようです。

そういうことを、われわれは知らない。日本の歴史教育は、消しますわなァ。見事に消す。私が中国人か韓国人だったら、やはりいいますね、「日本人は歴史を消す」って。教育勅語の消し方が典型です。百科事典でリンカーンのゲティスバーグの演説をひくと全文が出ていたけれど、教育勅語は項目はあるけれど文面はない。パラフィン紙を上に貼るようなやり方でね、ひじょうにうまく、歴史を塗り隠していく。

佐藤　そうですね。歴史をただの〝情報〟に整理してしまって、歴史のボディは見事に消していく。リンカーンの演説にしても、全文を読んでみると、あれは、南北戦争で戦死した六十万人もの〝死者の声〟を聞く演説だったということがわかります。つまり、「民主主義は死者の遺志だ」というのが、あの演説の主旨なのです。ところが、教科書ではこの演説で民主主義が成立したとばかりに美談にされてしまっている。それは歴史そのものの抹殺だと思いますね。

われわれが生きている歴史、私たちの身体が、たえず死と生をくり返していく生々しさというのでしょうか、歴史のボディという実体そのものというのでしょうか、それをまるごと感じとるのではなくて、きれいなストーリーに置き換えてしまうのが、これまでの教育だったように思います。

養老　私も、もし、なんらかの学問的普遍性を主張するとすれば、それは身体しかない。身体は遺伝子が決めていて、脳が決めたわけではないですから。したがって、身体はいわばある物差しとして使えるはずです。ですから、身体の問題をもう少しまじめに考えたらどうかと思っています。そして、人間について考えるとき、脳を含めた身体で考えれば、脳のなかにかならず客観的な対応物があるわけだから、宙に浮いた議論にはならないはずです。オウムの問題にしても、いっぺん脳に戻してみると、ある程度は冷静に議論できる。そこから始めるしかないのではないでしょうか。

しかし、この身体の問題、生死の問題というのは、じつは日常生活そのものですよね。身体をどういうふうに扱うか。たとえば茶道が典型ですが、日本家屋でどう立ち振る舞うかを問う。では、いまの日常生活でそれができるかというと、これまで道や型をつくってきた文化から離れてしまって、イスを使って、靴を履くようになった文化のなかで無理にやると、どうしたって木に竹を接《つ》いだようなものができてしまいます。

いったい、われわれの現在の日常生活から、オウムや三島、あるいは軍隊のような〝身体の反乱〟を起こさない、〝丸い人生〟というとおかしいですが、そういうものをつくっていけるかどうか。まさに教育は、そこにかかっているわけで。教育はいま、ものすごくむずかしい問題を抱えたなという気がします。短絡的に身体に入っていきますと、三島になったりオウムになったりしますから、このほうがもっと恐いですよ。

五感を希薄化し、「唯脳化」社会へ向かうのか

佐藤 その身体性の回復ということについて、二つの問題を感じます。一つは、さきほどの死の問題です。いちばん身体性を突きつけてくれるものは死体であり、死の問題なのですが、現在では、死と死体がぜんぶ隠蔽されて、バーチャルな死だけが蔓延している状況です。自分の祖父母などの死体に触れることをほとんど経験しないなかで、死の恐怖だけが、あるいは死の魅惑と闇の吸引力だけが、子どもたちの日常の意識を支配している状況があります。もう一つの問題は、生々しいモノ、具体的なモノに触れる体験を、どう教育の基盤に置いていくのかということです。

養老さんは、「江戸時代に、日本人は身体を失ったんだ」というふうにいわれていますが。

養老 それは、江戸時代に身体の技法が完成した、といいかえてもいいかと思います。さまざまな身体技法が、日本の文化を支えてきました。ただそれは、明治以降、徹底的に消されていったのです。

それから、「モノ」とおっしゃいましたが、これは英語でいえば、「アクチュアリティー」と呼んでいるものです。「リアリティー」というのは頭のなかの現実ですが、「アクチュアリティー」というのは五感から入るものです。五感から入るものは、案外、重要です。私は、日本の文化の一つの特徴は、五感から入ること

を重要視したことだと思います。アクチュアリティーを重要視した。これは日本に特徴的なことで、中国人は、むしろはるかにリアリティー、すなわち頭のなかの現実を重要視する人たちで、だからこそ、ひじょうに古くから都市社会をつくったのだと思います。

私はさまざまなところで申し上げるのですが、中国の孔子は、基本的に都市社会の人だと思うのです。『論語』が教えている原理は、人間社会の原理ですね。彼が、「怪力乱神を語らず」とか、「吾いまだ生を知らず、いわんや死をや」というとき、それはまさに現代の都市社会の人と同じことをいっている。当時は、自然がほとんど不可知と考えられていますね。そういう不可知なものについては語らないというのが、孔子的、あるいは儒教的合理主義といわれるものです。身体やモノのアクチュアリティーを切り捨てて、頭のなかのリアリティーを重要視する生き方ですね。しかし、私はそれは合理主義ではなくて、自然から隔絶して住むことを決めた都市の住民の意見だと思うのです。

『論語』のなかに厩《うまや》火事の話がありますね。「孔子様、厩が火事です」といって弟子がとんでくると、「人間に怪我はないか」といって、馬のことは問わなかったという。それが美談になるわけです。そのとき孔子の頭には、馬は自然の実在であるという観念がない。人間の側からみた、馬の用途しか頭にない。ところが、日本は馬頭観音をまつったりしますでしょう。これは日本と中国の大きな違いで、中国は文明が古いために、ひじょうに古くから自然が消えたということがあります。したがって、中国人の頭のなかからは、自然の観念すら消えた。日本は、人間の実力に対して自然が強すぎたから、自然と折りあうというかたちでしか文化をつくってこれなかった。

　しかし、いま、都市の子どもたちをみればわかるけれども、自然とつきあうことは、まず「汚ねえ」でしょ（笑い）。まさに自然は3K（キツイ、キタナイ、キケン）に見えるんですね。どんどんアクチュアリティーと切れはじめた。これは日本がいわば中国化していっているわけです。私が日本人に提言するとすれば、「日本は中国化したいのか」ということですね。中国は、日本とはくらべものにならない「唯脳化」社会で、では日本は、中国化しない都市になるにはどうするか。自然ともう一度、つきあい直すということを考えなければいけないわけですが、これはひじょうにむずかしいですね。

死体に向かって「おれは生きてるぞ」といえるか

佐藤　いまのお話をうかがって、私も幼稚園の子どもたちのことを思い起こしました。子どもたちはまさに3Kを嫌っています。無臭の世界で生きている。幼稚園ではよく生き物を飼っているのだけれど、それが死ぬと、きれいなお墓をつくって、「ナンマイダー」で済ませてしまいますね。幼稚園の先生がたは、「なぜ、死んだのか」ということを、どうして子どもといっしょに考えないのでしょうか。死ぬにはそれぞれ理由があるわけで、生き物には生き物の自然がある。そこからいろんなものが学べるはずなのに、そんなことは一つも問わない。そして、幼稚園の庭のすみに、きれいなお墓がいくつも、いくつも並んでいる。
養老　それこそ、「ここから先はべつ」と切ってしまう態度ですね。孔子の態度によく似ている。「吾いまだ生を知らず、いわんや死をや」と、死については切り捨ててしまう。

私が関係した高校の生物の教科書に「死」という項目を入れたことがあるのですよ。もちろん、ペケになりましたが、まず第一に起こった反応は、現場の先生が「死なんか教えられない」ということでした。「生物」っていうんだから、死も考えると思うのだけど、「そんなこと教えられん」って。それはまさに『論語』主義で、いまの常識的な先生がたが、完全に都会人に変わっていることの証左ですね。

佐藤 ある小学校の教師が、理科の授業でニワトリの解剖をやったのですね。腸の長さをずっと計ってみた。それだけだって、ほかの教師たちはとても受け入れられないのです。それと同時に、いまはいい写真がありますから、解剖した人間の腸のカラー写真を見せた。そうすると、かなりの教師が抵抗を示すのですね。

あるいは、「731部隊」の問題を学年ぐるみで扱った実践で、死体の写真を見せるということに対して教師のなかで意見が二分してしまった。子どもたちには、もっと夢とかロマンとかを感じとってほしい時代なんだから、死体を見せるべきではないという意見が、圧倒的多数ですね。実際に写真で死体を見せたのは、一人の教師だけでした。

養老 私は学生によくいうのです。死体を見て、「ざまあみろ」と思ってほしい、と。自分は生きているけど、この人は亡くなっている。そこではじめて自分が生きているという実感が出てくる。生きている実感なんか、いまの人は、はっきりいって、ない、と思うのです。死体と自分とのいちばん違うところは、私は生きている、まだ、一応、なんでもできる。しかし、この人たちはできない。その違いをよく考えてほしい。子どもたちにも、どうしてそういえないのか。

死は一回こっきりしかない、ひじょうに大事なことです。だから、生きているということが大事になるわけで、簡単に死んだりできるようなことじゃない。生きてさえいれば、また、いい日がくるかもしれないということは、悪い時代をとおった人は、みんな知っています。

佐藤 かつて、アルフォンス・デーケンさん(上智大学)に『ひと』誌で死の教育について提言していただいたとき(八七年十二月号、特集・「死」をどう教えるか)、デーケンさんは死を四つの意味で定義されました。心理的な死と、社会的な死と、文化的な死と、肉体的な死とに。そして、病院での死を考えてみると、肉体的には延命させているが、心理的にも社会的にも文化的にも殺している、とおっしゃった。

学校も、この病院とまったく同じ構造をもっています。いまの学校は、肉体的には生かしているし、その安全には過剰に反応するのに、心理的・社会的・文化的には、ほとんど死に体のようなかたちで生徒を管理している。にもかかわらず、「死」を教えるということに対しては切り捨てているのです。そこのところの構造転換を死の教育で図れないかと思っているのですが。

養老 それは大多数を占める「ふつうの人」がどう考えるかということにかかってきますよね。いま、日本は七割がサラリーマンですが、サラリーマンというのは、自然から切れた都市がなければ成立しない職業ですね。それをどうするといわれても、しょうがないから、私は死体の展示なんかやってますが、その問題は日常的に感じるわけです。

立花さんの『脳死臨調批判』という本が出て、本屋に平積みしてありましたが、私があれを読んでいちばんおどろいたのは、医者を教育するときに解剖をやらせると、感性が変わって病理解剖とか臓器移植みたいな残酷なことができるようになる、という主旨なんです。そして、そのあいだにアウシュビッツと宮崎勤が入っている。これはもう、完全にアジ演説の構造です。

佐藤 ほんとうですね。策略ですよ、それは。

養老 しかし、立花さんほどの人がそう言うということは、やはりそれが日本の常識だと私は思うのです。死体の展示や解剖はいけない、残酷だ、といわれるのはもう当然で、その常識を変えろといったって、そんなものは変わるわけはない。

佐藤 どうしようもないですね。いまの私たちが生きている生活のなかに、もっと死と隣あわせで生きていることの実感をとり戻す必要があると思うのですが。

養老 そう、五感から入る必要ね。

〝死〟が遠ざけられ、霊の世界への関心が高まる

佐藤 ええ。五感からということしかないと思うんです。多くの人は、死者を見ることはあるでしょうが、でも、死体には手で触れてないと思うんです。触れたときに、これはものすごい衝撃です。

養老　そうです。

佐藤　子どものころ、大好きだった犬が死んだときに、硬直するまでずっと抱いていたことがあります。眼が奥にくぼんで、それでやっと葬ったんですが、そのときに自分の身体が確実に変わったし、自分が生きていることを実感しました。

しかし、去年、首都圏の六百人の高校生を対象とした調査があるのですが、霊魂の存在を認めているものが、女子で四九パーセント、男子で四六パーセント、つまり半数近くが、霊魂の存在を認めて譲らないわけです。にもかかわらず、実際の宗教に関心があるとか、信仰が大切と考えている、あるいは宗教団体に帰属している生徒は、いずれも一〇パーセント以下なんですね。

養老　宗教が有効なチャンネルとして機能してないんですね。

佐藤　ぜんぜん機能していないんです。

養老　ほんとうはそこで宗教が機能してくれなければいけないのです。困った問題だと思いましてね。私はしょっちゅうお寺に呼ばれますが、「坊さん、なに考えてんだ」って本気で言いたい。霊魂を信じるのはべつにかまわないけれど、それを既成宗教が支えてくれないから、幸福の科学があれだけデカくなったり、オウムが発生したりする。宗教家も心ある人はわかっていると思うのですが、「さて、日常的にどうするか」ということになると、万歳なんじゃないかな。

佐藤　九五年の十大ベストセラーのなかに、幸福の科学の本が二冊入っていますが、死についてのバーチャルな文化だけが浸透していっているという状況ですね。

いじめで自殺した子の遺書を読むと、「バイバイ」で終わっている遺書があります。「バイバイ」っていうのは、「もう一度、帰ってくるよ」ということばなんですが。「死」が実感の世界から消えてしまっているなかで、いま、子どもたちはどんどん黄泉《よみ》の国に惹かれています。漫画やファミコンなんかも、ほとんどバトルゲームと霊の世界のストーリーで彩られていますね。

養老　さきの戦争の影響が大きいのかと思うことがあります。「死」ということを、あまりにもべつなかたちでいいすぎましたから、嫌になっちゃったんですね。要するに「あつものに懲りて、なますを吹く」状態が続いたものですから、死の問題をニュートラルに受けとれなくなった。それで、私の責任としては、解剖はまさに死体をニュートラルに扱う典型的なものですから、一般の人に死体に触れてもらうように、これから地方をまわるつもりです。

どうも日本の文化は、身体を抜いてしまった挙げ句の果てに、こういう状態になって、ほんとうに浅くなった。どうすりゃいいんですかね。

身ぐるみの学びの方法論をとり戻す

佐藤　第四次産業というんでしょうか、情報産業がどんどん膨張し、労働じたいが抽象化して、自然を対象にしないで、養老さんがおっしゃるような唯脳化した社会、つまり脳のなかにぜんぶはめ込まれた状態になっていますね。しかし、これこそハルマゲドンじゃないですか。

養老 ハルマゲドンですね。

佐藤 教育で、「もう一度、身体に戻ろう」というしかないでしょうね。身体の技以外、つまりからだで覚えたこと以外は、なんの知識でも知恵でもないんだという発想に立ったらいいですね。

養老 大学紛争のとき、医学部の教育が封建的だ、徒弟制度だとさんざんいわれましたが、徒弟制度でなきゃいけないところもある。私はそう思います。身体技法っていうのは、そういうかたちでしか伝えられないものです。なぜ、先生の真似をするかというと、徹底的に真似して、真似して、真似していくと、絶対に真似できないところがある。それが、まさに弟子の個性であり、教師の個性なんです。分かれるところなんです。そこまでやらないで、「真似がいけねえ」とか、「あれはたんなる真似じゃねえか」とかっていう。

佐藤 私も大学院生の指導は、徒弟的ですね。思想や観念の徒弟ではなくて、たとえば、資料の取り扱い方や質問の仕方、学校の教室への入り方や教師との接し方、そういうことにうるさいんです。身の技として覚えていく。真似して真似して真似して、真似しきれないところにいたったときに、はじめて自分の身体が共同体からむき出しになってしまう。それがオリジナリティーですね。

養老 そうです。まったくそうです。

佐藤 そこから自分でものを考えるしかなくなってくる。

養老 それには時間がかかるということを、若い人に教えないといけない。

佐藤　そうですね。そういう方法論を教育はもつ必要があります。さきほどいわれた、修行から始まって、道に至り、型に入って、型を抜けるという、日本人が古来もっていた学びのスタイルをよみがえらせる必要があると思うのです。

養老　そう。それはけっして封建制度とはなんの関係もない。人が育っていく過程そのものだと思いますね。

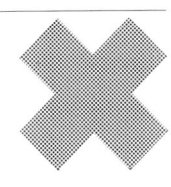

分裂する魂と肉体

「透明な存在」を生きる子どもたちへ

対談者
藤原新也

「ぼくは二度、殺すことができる」

佐藤　藤原さんが『文藝春秋』(九七年九月号)で酒鬼薔薇《さかきばら》事件について書かれたものを拝見して、いちばん強く思ったのは、あの事件が神戸で起こったということと、そして限りなくオウムに近い事件だということです。神戸の震災とオウムをつないだ延長線上に酒鬼薔薇事件がある。その補助線を引いてみますと、六〇年代末に、大学において肉体の反乱があった。それが未完のかたちで終わって、子どもたちのところにずーっと下りていけばいくほど、自閉的になって身体をなくしたかたちになってしまった。酒鬼薔薇は時代の一つの帰結点であると同時に、二十一世紀の社会が抱える深い闇を、先どり的に表現している出発点であるようにも思ったんです。

藤原　肉体と身体という言い方の違いというのがありますね。六〇年代末期前後は肉体といって、身体とはいわなかった。身体ということばは自分を相対化して見るところがあります。肉体っていえば、意識と身体が一体化している。肉体に対する分裂が七〇年代後半に起きてきた。ぼくらのような肉体を主軸として生きてきた人間ですら、身体という言い方になってる。バーチャル的なものに、意識が移行しているんですね。

佐藤　酒鬼薔薇は声明文のなかで「僕は二度殺すことができる」といっています。二度殺すというのは、体《たい》を殺すこともできるし、身《み》を殺すこともできるということですね。身《み》を殺すっていうのは、ぼくは魂まで殺すことができるということだと思う。身体というものが、子どものなかで完全に分裂してしまっている。

藤原　神戸へ行って現場を見たときに、魂と肉体の分裂と同じように、いわゆるニュータウンの空間の真ん中に、あのタンク山がある。これ、ご神体なんですよ。日々、彼はタンク山を見て育ってる。そこに感じるものがあった。彼のルーツをたどっていくと沖永良部《おきのえらぶ》なんだけど、ニュータウンに生まれた人とは違うある身体性が、彼の身体の古層に宿っていたのではないか。それがタンク山とすっと結びついていくような気がしたんです。ぼくは金属バット事件の一柳展也《いちりゅうのぶや》の住んでいた、宮前平《みやまえだいら》(神奈川県川崎市)というニュータウンについて書いたことがあって、それが八〇年代初頭です。それから十五年くらいたっているんだけど、あいかわらず同じような環境でドラスティックな事件が起こっている。

　じゃあ、一柳展也から酒鬼薔薇少年までの、ニュータウンと住民の身体との関係が同じなのかというと、そこがよくわからない。ただ、宮前平とここは違うかな、と思ったのは、彼が小学生を殺して山に死体を持っていくでしょう。あそこにはタンクがあるからタンク山っていわれてるけれど、本当はアンテナ山なんですよ。頂上に行くと、バーッとアンテナが林立してる。そのソケット部分に死体を隠している。彼は意識のなかで、その死体を発信してるわけですよ。そうして家に帰ってみたら、それをテレビでやっているという、循環があるわけです。そのあたりの意識は、かつての新興住宅地帯の子どもの身体感覚とはかなり違うという感じがした。ひじょうになまなましい事件なんだけど、金属バット事件のほうが、身体感覚としてなまなましいものをもっている。

佐藤 ぼくは、彼の「声明文」を読んで、リアリティーのある文章だけど、アクチュアリティーが感じられないっていったんです。つまり、彼の現実感覚は、意識によってリアルに構成されているんだけども、身体性を失っている。アクチュアリティーが、身体の五感から立ち上げられてこない。

藤原 アクチュアリティーとリアリティーというのが、一柳展也の場合はまだかろうじて一体化してた。

佐藤 ぼくの知っている不登校の子どもや、学校で疎外感を覚えている子どものかなりの子たちが、やはり自分のなかに神様をつくって生きている。それはかつての宗教性とはまったく違う。あのバモイドオキ神というのは明らかに「バイオモドキ」で、死に体で生きてるということですね。彼の絵を見ると、手も首も頭も足も、血管でしかつながってない神様ですから。今回、彼の精神鑑定のなかで、性的欲望によるサディズムっていう話が出たときは、あれほど身体をそぎ落としている人間に、なんでそういう解釈が当てはまるんだという思いがしました。

藤原 公権力がかかわると、どうしても個人の質に問題を収斂していくっていう習性があるんですね、不思議と。どういう力学なのか知らないけど、人間をとりまいている環境論にはもっていかない。

快感原則の商品社会のなかで身体が消されていく

佐藤 中学生、高校生の多くは、この事件を他人事と考えていません。とくに「透明な存在」というのは人ごとではない。一触即発すれば、自分たちのなかでも起こりうる事件としてとらえている。教師たちは、その部分をある程度感じとってはいるんだけれど、どう受けとめていいかとまどっている。

ぼくは子どもたちの感覚がつかんでいる世界を出発点にしないと、この事件の謎は解けないんじゃないかと思います。援助交際のときも同じ問題を感じたけど、われわれはバブルの崩壊を、戦後の高度成長の終焉とみています。ところが彼らの世代は、新しい時代の始まりとして経験しているんですね。このずれをすごく思うんですよ。じゃあ、どういう始まりとして彼らは経験しているのか。酒鬼薔薇が何の始まりを表現したのかという部分になると、よくわからないところがある。

藤原 小学生や中学生ぐらいの、いちばん自分の感性をつくる時期にそういう環境に巻きこまれたんですね。いまのブーム、たとえばたまごっちとか、ナイキのシューズとか、ポケベルだとかいろんなのがありますけど、ぜんぶ商品でしょう。六〇年代っていうのは、資本主義の枠組みというものからはずれることがブームになったけど、いまは逆に、資本主義に組み込まれることでブームになっていく。これ、もろに、バブルの子だなっていう感じがしますね。

ぼくは、脳じたいが世界観をもっていて、それは環境によって培われると思っているんです。ぼくらが子どものころ、山とか海に行くと、快感を与えるものと不快感の両方が存在していた。報酬を与えるものと罰を与えるものっていうふうな。たとえば、秋の山にいまごろの季節に登っていくと、甘柿があったり、そう思うと逆に、渋柿だったりとか。厳然とした自然のなかには二つの相対的なものがある。そのなかで身体を通過させていくという幼児期があった。その身体と環境との接触のなかで、脳というのは生成されていったんじゃないかと感じているんです。

佐藤　いまの教育システムは全部をプログラムにしてしまっている。プログラムされた身体というのは、自然から乖離せざるをえませんね。自然というのは、秩序だったものというよりも、混沌としたものです。とくに幼児はそのように自然を体験する。それに対して、ことばというのは分節化していきますし、意識は曖昧さを切り捨てていく。そちらのほうにはひじょうに長《た》けているんだけれども、曖昧模糊《あいまいもこ》としたものとか、どろどろしたもののなかに身を寄せられない。そうなってしまうと、完全に身体性を失ってしまう。

藤原　商品社会という環境は、自然のなかにある〈罰系の機能〉をどんどんそぎ落として、快感原則に沿って環境ができあがっていくんですね。コンビニはその一つの圧縮した空間だと思うんだけど、そのなかに、いま、子どもがたむろしている。〝報酬系〟に囲まれて、快感を垂れ流していく、その相互作用というものが延々と続くわけです。そうすると、いわゆる報酬系のホルモンをどんどん垂れ流すことはひじょうにうまいんだけれども、罰系のホルモンもバランスとして保つような脳の生成っていうのは、いまの子どもにできないんじゃないか。あえて罰系のアイテムを、人間が意識的に作りえるかというと、経済効率優先の社会だから、まず作らない。それは社会主義国家においても起きうるかもしれないけれども、一つの人間の性《さが》ですかね。

佐藤　冷戦構造が崩壊して以降、市場経済の氾濫で、世界的に青少年の暴力問題が深刻化しています。いちばんひどいのはロシアで、五年間で青少年犯罪が十五倍になった。ヨーロッパは麻薬が襲っていますし、アメリカは銃犯罪が爆発的に広まって、十人に一人が撃ったか、撃たれたかの体験をしている。暴力性が、むき出しのかたちで身体性を表現しはじめて、資本の蓄積が無制限に追求されるような社会システムが世界化するなかで、子どものからだが新しい身体性のはけ口を求めて噴出してきている。それがこの五年間の傾向です。

ただ、酒鬼薔薇が特殊だと思うのは、ことばが過剰で、身体性がまったく消されてしまっていることです。こういう例は諸外国にはちょっとない。たとえばアメリカの青少年の暴力の場合、読み書きのことばを喪失することが身体的な暴力になっていくんです。

藤原　身体の過剰が暴力につながるという古典的身体観がみえたのは、金属バット事件までですね。宮崎《みやざき》勤《つとむ》青年あたりから、ことばが身体に先行しはじめる。そして、酒鬼薔薇ではことばが身体から離れて、自分の行為を見つめている。まるで幽体離脱ですね。明らかに分裂している。

その分裂の因子のことですが、あの中学校のすぐ近くに、校門圧死事件の高塚高校があるというのを、神戸の人はおそらく気づいていると思う。校門の外へ出ると、欲望原則が津波のように押し寄せる。そして校門のなかに入ったときに、まったくドラスティックに変化してすべてを禁忌していく。この落差のあいだを毎日往復する子どもの神経は、そうとうすり減っているんじゃないか。高塚高校の校門事件というのは、それをひじょうに象徴している。

いまの子どもは時間にとてもルーズでしょう。自分で時間の感覚すら律していけなくなっている。たとえば、昔は十二時過ぎるといちおう夜だったんだけど、いまは十二時以降も夜じゃない。コンビニなんか、昼と同じくらいの明るさを維持している。テレビも、深夜放送といわなくなっちゃう。物質だけじゃなくて、時間もバーチャル化していってるわけです。そういうなかで、子どもの体内時計が完全に狂っちゃってる。そうすると結局、校門もばーんと閉めなくてはいかん、みたいなひじょうにエキセントリックな状況になってくる。校則というのは、理念によって律していこうというものなんだけど、校門の外の過激さに対応して、ねじを巻きすぎちゃうんですね。中間がぽーんとない。なんかひじょうに日本そのものって感じがする。中庸をどこかに置くっていう意識を探せるのか。

学校とタンク山。

ニュータウンには二つのシンボルがあった。

写真＝藤原新也

被害者の遺体の一部が置かれた中学校校門付近

タンク山

タンク山から、事件のあった
新興住宅地を望む

多くの子どもが酒鬼薔薇に共感するのはなぜか

佐藤　理念と現実との乖離というのは、いまの教育論がまったくそうで、父性の復権だとか、やさしさ信仰だとか、ことば尻だけで、「べき論」がすごく進行している。個性的に生きるべきだとか、主体性神話だとか、あらゆるものが噴きだしているんだけど、当の子どもはだらりとしている（笑い）。

ぼくは、酒鬼薔薇という少年は、同情する気はないですけど、ある果敢な挑戦をし、大変な失敗をしたというふうに受けとめるべきだと思う。子どもたちが「わかる」といっているのも、殺人を犯したことに共感しているんじゃなくて、彼が行なった挑戦に共感を示しているのだと思う。それは何かというと、身体性をとり戻すことですね。そのときの最大の問題は、自閉的な空間のなかに、リアリティーでしか構成できないもう一つの社会をつくって、そこから発信するかたちでしか自分を解放できなかったということでしょう。だけど、その解放のイメージが子どもたちのなかに蔓延している状況を考える必要がある。

つい最近、ある小学校で、六年生を受けもっている先生が、無機的な写真を二枚出して、子どもたちにお話を作らせたんです。そうしたら、男の子の作ったものは、ほとんどが破滅から始まる。そこからストーリーはいろいろ発展するにしろ、まずは、この世の中なんか全部ぶっ壊してしまえ、というところからしかストーリーが始まらない。男の子がおかれてる状況は大変だなと思いました。魂の問題でいうと、いまの子どもたちを見ていて、芸術的な感動がなくなっているし、怒りはあるんだけど、憤る感情がなくなった。

藤原　キレるっていうことはありますね。

佐藤　そう、キレるんだけど、あれは生理の爆発であって、魂の憤りじゃない。

藤原　結局、キレるというのは神経作用でしょう。憤りというのは理念の作用ですね。いいか、悪いかで判断していた時代というのが六〇年代から七〇年代にあって。そのつぎに、感覚で好きか、嫌いかっていうのがあって。八〇年代以降は、パルス(衝動)なんですね。バリアがなくなって、神経へどんどんパルスが打ち込まれる。そういうものは、コマーシャルなんかがいちばん象徴してますよね。社会の仕組みのなかで、憤りじゃなく、キレるような脳にされてきている。だから、これ、資本主義といってしまえば、政治的な言い方になってつまらないんだけど、やっぱり、モノに包囲されている人間っていうのは、すごい世界に生きていると思いますよ。

佐藤　戦後の子どもたちもある時期までは、欲望を駆りたてられていた。肥大化された自我っていうのはそれだと思う。現実には財力もなければ権力もない、しかし欲望だけはあおられてきた。だけど、いまの子どもは、欲しいものがない。アフリカとかアジアの、いわゆる第三世界と呼ばれる国ぐにの子どもたちの、いきいきとした子どもらしさっていうのは、欲望が肯定されているなかで生きている人間の輝きですよね。日本の子どもたちは、一方では商品というかたちであおられながらも、生身の欲望を失っているし、同時に、その欲望が肯定されているわけでもない。二すくみ、三すくみのなかに、子どもがまるごと閉じ込められている感じがします。

オウム・酒鬼薔薇に、外側からの批評はもはやできない

藤原　しかし、そういうことを聞くと、とにかく抜け道がない。締めつけっていうより、弛緩ですね。あちこちまわってみて、日本ほど過激な環境になっているところは、まずない。オウム的な社会観みたいなものが通底してますよね、子どもまでずうっと。表現者としてそういう世界にものを言っていくときに、批評がどういう位置を占めるかというのを、つねにぼくは悩んでいる。佐藤さんが、酒鬼薔薇の事件について、コメントというのは一切やめていたと書いていたけれども、ぼくもずっと、やめていたというより声が出なかった。なぜかというと、これまでもいろんな事件に関して、コメントをたくさん書いてきて、結局、理解したことによって、現実が流されていく。むしろ、不可解な現実をわからせようとすることを、逆に抑えていくほうがいいんじゃないかっていうジレンマがつねにある。

そういう意味で、行きづまり環境に置かれているというのは、子どもにかぎらずすべてがそうで、じゃあ、どうするかっていうのが突きつけられてる。そうしたときに、酒鬼薔薇はことばを多用しているんだけど、あいつのことばというのは、年齢や距離を超えて、ひじょうによくわかる部分がある。そうすると、批評のことば以外に、何か実体をもったことばを編むことができないだろうかと思うんです。

佐藤　酒鬼薔薇の文章を読んで、ぼくは驚嘆しました。文章はあちこちからのコピーだとしても、とくに句読点、あれはかなり文章を書いた人間じゃないと打てない句読点だとうなったんだけど。最後までわからな

かったのは、あそこまで自己を分析できるまなざしというのを、彼がどこで身につけたのか。十四、五歳で、あれだけ自分を外から客観化できるまなざしをもってる子どもはいないですよ。それは、いくらいまの十四、五歳の子どもたちが共感しようと、感じとってはいない部分だと思う。あのすごさをどうみるかっていうのが、一つの可能性としてあるような気がするんですね。

　オウムの事件のときもそうだったんだけれども、いろんなコメントを求められるけど、極力しないようにしたいと思った。というのは、オウムにしろ、酒鬼薔薇にしろ、問題の広がりはものすごく大きい。外部に立って、「あいつら、なんだ」というふうなものの言い方をした途端に、同じオウム的なもののなかにとり込まれてしまうし、酒鬼薔薇にならざるをえない。

　だから、藤原さんが提起されている、つぎにどういうことばを生みだすかっていう問題のむずかしさは、まったくぼくも同感です。オウムや酒鬼薔薇と同じ言語空間のなかにわれわれも生きている。一つチャンネルを間違えれば、彼らと同じ世界のほうにぱっと走るような言語に囲まれていて、その一方で、また別のチャンネル、別の言語を探しあてている人たちも、たしかにいる。ことばを発する位置というものをたしかにするようなかたちでしか、ものを言うべきではないんじゃないか。

テレクラやポケベルを媒介に新たなつながり方を求める

藤原　このまえ、また宮前平に行ったんです。相変わらずニュータウンの空気と匂いっていうのは変わらない。ただ一つ違うのは、駅前にテレクラができたことです。環境をすべてクリーンにしていく最たるものがニュータウンで、そういうなかには、人間の猥雑な部分や、身体性をとり戻す機構みたいなものが必要だという意識がぼくにはあるんだけど、結局、そういうのは風俗産業が担うんですね。モラルという視点から考えた場合には、売春だとか援助交際とか、いろんな問題を起こしているんだけど。テレクラ空間ができてるってことに、人間の意識がシステムを調整する機構をつくりはじめたっていう感じがあって、ある意味で肯定的にみた。政治はそういう、対抗する文化みたいなものを絶対につくりえないんだけれども、人間の猥雑部分というのは、それをつねにつくろうとする。

それと、佐藤さんもお書きになってたけど、いまの子どもは生まれたときから、すべての子たちが、食うものも、見るものも、聞くものも、情報が全部同じでしょう。そうすると、他者と出会ったときに、すでに自分と出会ってるんですね。だから、恋愛も成立しなくなってる。その閉塞感って、ものすごいと思うんですよ。

佐藤　一億近親相姦時代みたいな感じになってる。

藤原　テレクラというのは、そういった定型化した関係をいったんご破算にする。突然、だれかから電話がかかってきて、相手の姿も見えないし、声だけしか聞こえない。距離だとかメディアを置くことによって、一瞬、そこに想像がばっと張りめぐらされる。これは快感なんですね。そこで電話を受ける瞬間には、自分が存在している。会ってホテルに行って、別れるとすべて消えちゃうんだけど。一種の幻想ゲームですね。

佐藤　いまの中学生は、一日平均三十分、電話をかけているんです。東大の学生も、調べてみると、一日の平均通話時間が三十分です。しかも、昼間会っている友だちと電話をしてる。それから、渋谷あたりの街を彷徨して、高校生たちも出会いを求めている。ぼくは電話っていやで、自分のからだに無造作に声が入ってくるのに拒絶反応があるんだけれど、彼らは違う。むしろ、電話の声の疎遠さみたいなものに、対人関係の快さと物語が生まれる予兆を楽しんでいる。

いまの高校生をみていても、旧来の共同体に戻るのは不可能なことをよく知っているんですね。そんなことはアナクロニズムだとわかっていて、昔とは違ったコミューン的なものを求めています。みな、弱さや無力さを知ってるがゆえに、そこでつながるつながり方が生まれていることも事実なんです。一つの象徴的な例は、福岡で教師が女子高生をなぐって殺した事件があったでしょう。彼女はポケベルを持ってたんですが、そのポケベルに、その後、毎日三十通もメッセージが入ってくるんです。お父さんがていねいに返答されているんだけど、若い子たちが「きょう、つらかったよ」というふうに、死者へ語りかけてる。これはいままでにないつながり方だと思うんです。こういう新しいつながり方を深層で求めだしている若者の姿があるということは、一つの道筋かなと思う。

空間を有機化する、身体に刻まれる経験をもつ

藤原　いかに教育システムを変えるかというのは一つの大きなファクターだと思うんだけど、もう一つ、空

間と物ですね。人間の身体というのは物と、空間と接しているわけだから。高塚高校にしても、酒鬼薔薇が出た中学にしてもそうだし、ニュータウンも完全に空間が無機化している。ことば以前に身体というものを反応させる媒体がないわけですよね。そういう意味では、子どもが入っていく空間を再構築する必要がある。その意味で建築というのは、すごく大きな分野だと思う。たとえば、木の校舎というのは新建材より絶対にいいと思うし、けっしてそういうことを馬鹿にしてはいけない。ぼくなんか昔の、入り口が五つぐらいある古風な旅館に育ったので、自分の精神構造がそれと似ているなと思うところがある。

佐藤　オウムの若者たちの育った家が、文化住宅だったでしょ。酒鬼薔薇事件も新興住宅地だったということに、空間の問題を感じるんです。日本の住まいというのはもともとは身体を身分けしない。これが寝室だとか、応接室だとかいうかたちではない。曖昧だし多義的です。それが機能的に身分けをさせられてしまうような空間になっている。家のなかもそうだし、学校の空間もそうだし、地域もそうでしょう。それをもっと曖昧模糊とした空間に置きなおしていく必要がある。

快感原則に関して、教育の話でいいますと、ぼくは修行がなくなったと思う。修行と学校の学習の何がいちばん違うかというと、身体を導入するかどうかですよね。ところが、明治以来、修行の部分を教育はぜんぶ切り捨ててきた。修行がないから、快感はあっても快楽がない。子どもがどこでいちばん嬉々として喜んでいるかという部分を、もっと見ていく必要があります。幼稚園でも喧嘩させないでしょう。喧嘩して口惜しい思いを思いっきり体験するとか、人と人はそんなに簡単にわかりあえないよというような、身体に刻みこまれる体験ですね。喜びにしろ、苦しみにしろ、悔しさにしろ。そういうところをもっと大切にしたい。

藤原　それは基本的に子どもに教えなきゃいけない、昔からそういうことだと思うんですけども、いくら叫んでもやられていない。

思春期のイニシエーションをつくっていけるか

佐藤　たとえば、いま、農業実習をすると、すごく子どもが喜ぶんです。土をこねたりすることが癒しになってる。ぼくの知っている教師が、十年ぐらいまえになるんですけれども、東京都内の商業高校のすごく荒れた高校生たちを、秋田のおじいちゃん、おばあちゃんたちだけの山村に連れていった。そこで、おじいちゃん、おばあちゃんたちと稲刈りの競争を、大きな図体してる連中がやるんです。それで見事に負けるんだけど、負けた高校生たちが号泣するんですよ。わけがわからないまま田んぼのなかでぐわーって泣くんです。ことばにできない何かが起こったんです。

思春期の問題ってあるでしょう。幼虫が蝶に変わるときには、さなぎのなかで身体全体が一回どろどろになって再構成されるそうですね。そこに手を触れると死んでしまう。だからさなぎで囲われてるんだという話を聞いて、なるほどと思った。人間も、さなぎで囲まれる時期に何か起こるような仕掛けをつくらないと、イニシエーションに失敗してしまうと思う。ここにどういうイニシエーションをもち込むことができるか。一種の、宗教を超えたようなものを作為的につくっていかないと、自然に生まれるものではない。

藤原 そういうことですね。ぼくなんかの二十代の出発点というのは、インドあたりをほっつき歩いて、人間の死体を見たり、リアリティーの根源みたいなものを見てくるというのがあった。六〇年代の末期というのは、ある意味でいまの子どもが置かれている意識の状況と似ていたんですね。バーチャルな世界がやってくるという予感が、若者のなかに反乱を呼び起こしたところがある。そして、八〇年代中盤から末期にかけて、ニューアカデミズムの人たちが出てきて、リアリティーみたいなものをすべて否定しようという雰囲気が生まれたんだけど、その後に宮崎とか酒鬼薔薇というのが出てきてしまう。やっぱり、リアリティーのない情報社会が人間を狂わせていくという部分があるわけですよ。

じゃあ、自然本位制みたいなものにいけるかというと、その環境もない。山の学校へ連れていくとかというのは、一つの方策としてありうるし、ぼくも肯定するんだけど、結局、対症療法でしかない。スタンダードなものは何かということが問われてる。じゃあ、農耕社会に帰れっていっても、帰れない。ぼくは産業システムを変えれば、かなりうまくいくと思ってるんですが。

佐藤 まったくそうですね。ぼくも自然を根底に組み込んだ産業社会の在り方というのが、可能性として残されているように思うんです。もう一つ、すぐにでもできることとして、身体の志向性をもっと信じよう、人間の無意識を信じようということがあります。

この問題を考えたのは、従軍慰安婦問題のときです。従軍慰安婦が売春婦だというキャンペーンが一時期、はられた。これは理屈の問題じゃなくて、ぼくはともかく許さないんです。身体が許さない。そういう部分で多くの人が反論したんだと思う。なぜ援助交際がいけないかというのも、説明してどうという問題じゃない。ぼくの身体が許さない、君の身体は許すのかっていうところで、お互いぶつかることができるかどうかだと思うんです。ぶつかったうえで何になるのかは、さしあたって問題ではない。理屈とか意識に、過剰に信頼をおかない。正しいとか間違ってるとかではなくて、お互いがそうでしか生きようがないのだというふうなせめぎあい、ときによっては傷つけあいというものを追求して、こちらのほうが豊かだよ、って確認しあっていく必要がある。そういう意味では、大きな物語は描けないんだけれども、個と個の身体がせめぎあうところに生まれる小さな物語のなかに、新しい意味あるものがちゃんと生まれてくるという確証を大切にしたい。

いまの子どものなかにもそれがまだあるという一つの例なんですが、音楽の授業で、子どもたちが三味線を弾いて、こきりこ節とか歌ってる。ところが、手を打たせると、西洋の拍《はく》しか打てない。日本の拍の感覚が、もう身体から消えてるのかと幻滅するんだけど。その同じ子どもたちに、桶と太鼓を渡して、リズムパターンを示して即興的に叩かせると、もう、不思議なぐらいエネルギーが出てくるんです。それはことばでは言い表しようがない。身体がある媒体とつながりさえすれば、古層のうねりが噴出してくるようなものが、まだ子どもたちの身体に宿っている。

意味の呪縛を解いて、生身の現実をつかみとる

藤原　そのあたりは、ぼくも可能性あると思ってるんですよね。無意識の世界に意外と通じるなっていうことが、たまにある。小学生がぼくの映像とかことばに反応したりとか。母親の胎内に宿る以前の世界みたいなものが、どこかにあるみたいです。

この十数年間、加速度的に自然のパワーが衰えてきていて、自然はあるけど、そのなかの魑魅魍魎《ちみもうりょう》がいなくなってる。そういう現実をみていて、自然本位制を声高に話したりすることがなかなかできなくなってきた。結局、そういう場合に、イスラム的な、ことばによって人間を律していくというスタイルが出てこざるをえない。だけど、そのことばの質も、律するというよりも、古層に響くことばっていうものがあるんじゃないかと思っているんです。ぼくの意識のなかでは風景ですね。魑魅魍魎がいる風景っていうのを、ぼくらの世代は知ってるわけです。そういうものをことば化して、風景を見せていく。それを読むことによって古層の部分も引きだしていくという作業は、可能だと思っているんです。だから、ある意味で、ロジック的なものよりも、詩に近いもののほうが、いま、ぼくはやってみたいことなんです。

佐藤　そのためにも、意味の呪縛からいちど抜けださなければならないですね。ぼくが信じるのは意味よりも声です。声になったときには、その人でしかありようがない交換不能なことばが発せられるはずです。そういう声の部分に基盤をおいたネットワークが探られる必要がある。しかし、ぼくらは活字文化のなかで生

きていて、ましてぼくは、研究で堅い本を書いてますから、いかに意味の呪縛にとらわれていて、その意味が身体化していないかっていう問題につき当たっています。ことばを声の響くようなことばにして、学問も身体性のあるものに変えていかなきゃいけないと思うんです。

友人の家庭科の教師の話なんですが、子どもたちが卵を孵化《ふか》し、ヒヨコにして、ニワトリまで育ててみたいっていうことをいいだした。すると、ある歯医者さんの家では、子どもの説得に応じた。そこで、神奈川県の小田原まで受精卵を買いにいって、東京の杉並まで大事に抱えて帰ってくる。孵卵器《ふらんき》を倉庫から引っぱりだしてきて、夜どおし卵を一所懸命眺めながら、ヒヨコを孵化して育てていくんです。すると、それをねたんだ子どもたちが、卵を育てるほうがいいのか、たまごっちを育てるほうがいいのか、どっちが勝つか論争しようって(笑い)。それでディベートすると、圧倒的にたまごっち派が勝つんですよ。どうして勝つかというと、餌やらなくても育つとか、こちらでも十分かわいいとか、こっちは死なないとか、そういう意見が多数に支持されるわけです。それで最後に、卵を育てた子どもが言ったことばがおもしろい。負けて、悔し涙で泣きそうになりながら、「ことばにならない大切なものがある」って(笑い)。

たしかに、これはバーチャル・リアリティーの勝利と言えるんだけど、ぼくはそうじゃなくて、たまごっち派の子どもたちも正直にリアリティーを語っていると思う。歯医者の子だから飼えるんで、狭い家のなかでどうしてニワトリ飼えるんだ、おれたちにとってみれば、たまごっちのほうがリアリティーあるぞってね。ぼくは、そういう部分を大切にしていったほうがいいと思う。「自然に優しく」というようなスーパーエゴをつくるんじゃなくて、いま生きている自分の身体が交渉している現実を、生身のことばですりあわせていく。そのときに、「ことばにならない大切なものがある」ということばが生まれるわけだから。

藤原 教育というのはやっぱり大事ですね。だから、学校には可能性があるんですよ。

佐藤 あると思います。タンク山に拮抗する聖域となる可能性を、学校はもっているはずなんだけど、まだその姿が見えないというのが問題ですね。

藤原 あそこのニュータウンのシンボルが学校でしょう。もう一つ、タンク山がシンボルであったわけですが、彼はタンク山のほうのシンボルへ行ってしまった。

佐藤 そっちへ突入したわけです。象徴的ですね。

魂の危機を越えて

祈りの復権へ

対談者

中沢新一

魂を侵食する力はどこからくるのか

佐藤　六年まえに中沢さんと対談をしたのはオウム事件の直後でした(「オウムの身体」『ひと』九五年十月号、太郎次郎社)。あのとき、ぼくと中沢さんとのあいだには共通の危機認識があったと思うのです。ひと言でいうと宗教の危機、つまり宗教が攻撃されているという問題を感じたわけです。日本において宗教が機能していないという現実が背後にありながら、「宗教的なるもの」すべてが否定されてしまうという問題のすり替えが起こっていた。そういうすり替えによって、オウム事件以後、かならずかたちを変えて同じ構造の事態がくり返されるのではないか、オウム問題に対する集団ヒステリー状況のなかで本質が議論されていないといいう危機感がありました。

その後の状況を考えてみますと、酒鬼薔薇事件などを含めてそのことが立証されたように思います。今回のアフガニスタンとアメリカの問題でも、宗教問題と同時に「宗教的なるもの」全体の否定という状況が広がっているように思えてならない。現在の日本のさまざまに混在する問題の基盤には、宗教が機能しない社会における倫理の崩壊という問題がありますし、ニヒリズムとシニシズムがことに子ども・若者のあいだに浸透しているという問題がある。こういう状況において、ぜひとも中沢さんとふたたび話しあいたいと思ったのは、「スピリチュアリティ」をどのように文化・思想・教育のなかで考えるか、スピリチュアリティの再生という思想的課題をどのように打ちだせばいいのかということです。

たとえば、いま、日本の子どもたちは世界一学ばなくなっています。学習時間からみてもそうですし、本も読まないという状況が急速に進行しています。もちろんこれらの現象は大人社会全体の問題でもありますが、学びからの逃走や、ニヒリズム、シニシズムにからめとられた状況を越えるためには、「スピリチュアリティ」や「祈り」の再生という課題を、子ども・若者から大人に至るまでの大切なテーマにする必要があるのではないか。「祈り」と「憤り」が消えてしまったんですね。憤りというのは正義の問題につながっています。そして、祈りというのはスピリチュアリティや希望という問題につながっていると思うのですが。

中沢 スピリチュアリティということばは、いろんな含みがあるし、むずかしいことばですね。でも日本語で言ったら「魂」ということばがいちばんぴったりくる。「魂が危機に陥っている」と言ったほうがいいんじゃないでしょうか。

六年前の対談のとき、ヒステリックな宗教叩きの現象として現れてはいましたが、実際にはもっと深刻なことが起こりつつありました。魂を浸食していく力に対する歯止めがもう効かなくなっていて、社会的な正義やマスコミの道義感などがその破壊の方向をかえって一気に進めてしまうのではないか。そういう危機感があって、二人でそのことを話しあったわけですね。そのときとても意外だなと思ったのは、それまで宗教的なことや不思議なことなどに、いちばん関心をもっていたはずの世代の人たちが、それこそ率先して「宗教叩き」をやってみせていたということでした。これにはとても不安を感じました。こんなかたちで魂にかかわる問題を処理してしまうと、一時的なヒステリーがおさまったとき、行き場がなくなってしまうのではないか、というおそれを感じたわけです。そのあとのことはだれもが知っているように、さらに深刻な日本の構造的な危機にまで進んでしまいました。心配していたことが現実に起こってしまいました。

佐藤　見事に起こりましたね。

中沢　魂を浸食するものの力はいまや圧倒的です。その力がほうっておいてくれる領域なんて、もう残されてはいないのではないかと思えるほど、それは蔓延してしまいました。そういう状況のなかでは「孤独な魂」がもはや犯罪するしかない、というところにまで追い込まれています。こうした事態が起こっていることにはいろいろな要因が連動していると思いますが、ベルリンの壁の崩壊の前後にはじまったことが、大きな影響を与えています。冷戦体制の解体後に起こるはずのことに、ぼくたちは無防備すぎたんでしょうね。

佐藤さんがさっき「憤り」ということばをだされたけれど、以前は日本人もよくいろんなことに憤っていました。なにかというと、口に出して憤っていた。しかもそういう憤りには何か道理があった。それは、後ろに「何か」がついていてくれるから、憤っててもいいんだぞ、という安心感と結びついていた。ベルリンの壁の崩壊前には、幻影の正義みたいなのがあって、その憤りを支えていた。しかし、そういうものが崩壊したあと、いまでは、憤りの根拠もわからなくなってしまった。電車のなかでウォークマンがうるさいって怒っているおじさんの憤りの根拠さえ、もうわからない。

というのは、社会主義は現代の擬似宗教でしたから、その崩壊は、一万年の長きにわたって形成されてきた人類の宗教文化にとっては、最後の大打撃となったわけです。このたびのテロ事件でかえってこのことがクローズアップされることになりました。テロという行為の善し悪しを別にすれば、ビンラディン氏の主張から聞きとれるのは、アメリカの金融システムや資本主義が、イスラムの魂を侵食しているというメッセージです。「魂を侵食する原理が地球上を覆いつくしている、これに対しては戦わなければいけない」というメッセージだったと思います。もちろん、今日の資本主義の問題と、アメリカやドルの覇権の問題は分離して考えなければならず、ビンラディン氏たちの論理は短絡的です。しかし、そういうことを別にしても、さっきのメッセージは残ってしまいました。イスラムがそういう問いを人類につきつけてきたということに、多くの人びとは衝撃を受けたのではないでしょうか。

佐藤さんはあのころメキシコにいらっしゃったんですね。メキシコの人たちはどんな受けとめ方をしていましたか。

佐藤　ちょうど九月十一日直後から二か月間、メキシコにいました。メキシコの知識人や学生たちと話をしたとき、最初に彼らからでてきたことばが「アメリカはまた負けるね」でした。戦後アメリカは一度も勝っていないと言うんです。このリアクションはひじょうに興味深かったのですが、彼らは「負ける」ということばを二つの意味で使っています。一つは、アメリカは道義的に負けている。もう一つは、結果的にはそれによってなんら成果を得ていない、と。今度も勝利の宣言はされるだろうけれど、その裏側でたえず反米感情を増幅させて、道義的に敗北しつづけるアメリカというものを冷やかに見ている目が、世界のなかにあるということですね。

中沢　テロはよくないがという前提はかならずつきますが、それしか方法がなくなってしまう事態のほうが深刻です。日本は政治的にはアメリカの行動を支持していますが、国民はみんな黙ってはいても、もっと別のものを見ていますね。アメリカの報復攻撃を支持するのかしないのかというレベルでは捉えられないようなことが、ここで問題になっているな、ということは、皆うっすらと気づいているのではないでしょうか。魂の侵食というものがひじょうに深刻に進んでいる、そして、それに異を唱えている人たちがいるということが、日本人にとってむしろ驚きだった。発見ですね、あれはね。そのうえで日本人がこの問題をどう受けとめるかというところへ、今度は問題が返ってくると思うんですけれども。中村哲医師などの活動に対する日本人の熱烈な支持に、そういうことが表現されているのではないかと、ぼくは感じます。爆撃されているアフガニスタン人に対する日本人の共感《シンパシー》のうちに、何かとても大切なものがあらわれていると思うのです。
日本ではこの魂の侵食を行なう力がもっとも激烈に働いたのがバブル時代です。オウム事件も言ってみればバブルがつくりだした現象だったとも言えますが、経済力の膨脹がスローダウンしている現在になって、ようやくまともにこの問題に立ちむかえるようになったのかもしれません。

佐藤 魂の侵食がバブル期に急激に進行したことにもっとも敏感に反応したのが、子どもと若者だったと思います。酒鬼薔薇事件のときに何人かの方と対談をしたのですが、写真家の藤原新也さんは、「キレる」と「憤る」はぜんぜん違うということをおっしゃった。また、小説家の島田雅彦さんとの対談で話しあったのは、酒鬼薔薇少年がもし魂の救済をなしうるとしたら、文学におけるアバンギャルドの道しかなかったんじゃないかということでした。そういう抵抗の仕方、闘い方しか成り立たないほど、いま、子どもたちは窒息状況におかれているわけです。

中沢 たしかに昔の「アンファンテリブル」だって、まああんなものだったかもしれません。しかし、アンファンテリブルは憤っていたんですね。「キレる」という場合には、憤りの背景にある思考や記憶というものがないですから、ああいうふうな犯罪に直結することになるのでしょう。

倫理の回復で魂は守られるか

佐藤 子どもがいかに魂の問題と深くかかわっている存在かを示すものとして、エリクソンのお弟子さんのロバート・コールズという臨床心理学者が、「クライシス・オブ・チルドレン」(子どもの危機)という五冊ほどのシリーズ本を書いています。その一冊が『スピリチュアル・ライフ・オブ・チルドレン』で、公民権運動の時期のミシシッピに入って、黒人の子どもたちに聞きとり調査をしたところから話が始まるんです。どんな質問をしたかというと、「自分が黒人であることの運命を、どこでいちばん感じますか」というものでした。バス通学で黒人用のバスに乗せられるときとか、食堂で白人と分けられるときなどの場面を想定してコールズは質問を作成したのですが、ほとんどの子どもたちの答えは、「日曜日に教会で、神様のまえで手を合わせるとき」だった。われわれは、子どもたちがいかにスピリチュアルなものと深くつながって生きているか知らなさすぎたと、コールズは書いています。

自分がどこから由来しているのか、魂がどんなありようで流れたり収束したりしているか、もっとも根源的な意味において、まさにスピリチュアルなものに託して子どもは生きています。

中沢 ただ、「魂の擁護」という問題はすごくむずかしくて、最近よくいわれる倫理の復活みたいなことで魂がふたたび守られるように思われがちですが、もともとスピリットの動きというのは倫理ではないんです。これはスピリチュアリズムの歴史をみるとよくわかります。

スピリチュアリズムとは自由の別名で、倫理を逸脱するものがスピリットの運動だった。そのいちばん現象的な形態はトランスですが、トランスとは忘我であって、「責任性」という側面からみれば個体の責任を放棄することを意味しているわけです。そうしなければ、スピリットの運動には入っていけないんです。

近代の英語圏ではスピリットはあきらかに、規範から自由な「自由霊」のことをさしています。アメリカという国は建国以来そういうスピリットとつきあってきましたが、倫理や法というものとそのスピリットは、完全にかみあってはいない。ですから、心理学がスピリットを問題にする場合、それはやはりプロテスタントの問題として出てきているという点を、見逃せないと思うのです。法や規範の解体と、スピリットへの希求ということが、すぐにひとつには結びつかないところが、現代のアポリア(難問)なのではないかと思います。

ですから、「魂を守る」というのは、じつはひとつのパラドクスなんです。「魂を擁護しなければいけない」ということばと、「倫理を確立しなければならない」ということばが、ほとんど同義のように語られることがありますが、これはじつはおかしいんです。

佐藤　スピリチュアルなものは倫理ではありませんよね。ぼくがいま考えているのは、デューイが「宗教」と「宗教的なもの」を区別したうえで、「宗教は否定すべきである、しかし宗教的なものは消し去ってはならない」と指摘したことです。一九三四年の『コモン・フェイス』(共通の信仰)という小さな著書に記されたデューイの主張に、ぼくはひじょうに心うたれたんです。当時この主張は、プラグマティズムの科学主義と宗教の非合理主義の双方から激しく批判されましたが。

中沢　たしかにデューイのいう「宗教的なもの」にとってスピリチュアリティは不可欠なんですが、ここが「宗教」と「宗教的なもの」とがクロスするあたりのひじょうに微妙なところで、「宗教」といわれるものは、何かの原理でこのスピリチュアリティを抑えようとします。それは父なる神であったり倫理であったりするのですが、それでスピリットを抑える。あるいは自分のなかに組み込もうとするわけです。こうしないと、いわゆる宗教は生まれません。しかし、そうすると今度はそこに、倫理とスピリチュアリティの相剋が始まります。そこで、自由な精神性を求める人びとは、スピリチュアリティを拘束する宗教の体系に反逆するようになる。それを否定してみようとするわけですね。

ところがおもしろいもので、これを徹底させると、ということはつまり、スピリチュアリティを宗教的な体系や父なる神や倫理から徹底的に自由に解放してしまうと、そこに何が発生するかというと、資本主義なのです。資本主義はスピリット(自由霊)の運動と連動して発達してきました。消費社会のなかでは、ある種のスピリットがものすごく活発に動いています。「渋谷系」と言えば、そのタイプのスピリットの動きそのものです。問題なのは、それを拘束する体系がないことです。「律法」がないということです。律法がスピリットを拘束しないかぎり、宗教性というものはうまく機能しません。律法の側面が強くなっていくと、いわゆる宗教というものはできあがりますが、そこからスピリットの離脱を求める運動が起こります。律法を完全に否定しちゃうと、現代世界ができるという、ひじょうに皮肉なものなのですね。

日本の場合には、「倫理」ということばはずっと空虚なままでしたから、スピリットの活動を抑えろと言うと、なにか原理のよくわからない「道徳」が登場してくることになる。そこで魂の問題を語りたいというときにも混同が起きて、『国民の道徳』になっていく。

佐藤　ほんとうですね。

中沢　日本も江戸時代までは、スピリットの動きと市民の公共的責任性のバランスをうまくとろうとしていました。季節の祭りなどではこの責任性をはずして、そのときはスピリットが大活躍する。でも、いつまでも活躍してちゃいけないから、祭りが終わったらもとへ戻れというわけです。都市生活ではひどくスピリットが蔓延しましたが、徳川幕府は禁圧を加えて、バランスをとろうとしていた。明治以降、資本主義というかたちでスピリットの活躍形態が出現することになって、江戸のシステムは破綻してしまいました。さらには戦争なんていうかたちもとった。律法の概念すらもたない日本人がいま直面しているのは、ことによるとヨーロッパより深刻な事態かもしれません。

死者と対話するということ

佐藤　メキシコでは十一月二日は「死者の日」なんですね。日本でいうお盆のようなものですが、この死者の日を経験するために、メキシコシティから二時間ほど入ったインディヘナの農村へ行きました。

人びとはまず、帰ってくる死者たちを迎え入れ、翌日に送りかえします。十一月一日に子どもの死者が帰ってきて、二日は大人の死者たちが帰ってくる。墓地が人と花とお供えとローソクでいっぱいになって、そこで黙々と死者と対話するんです。じつは死者の日の祭りをカソリック教会は、植民地化の過程で抑圧しつづけてきたのだけれど、ついには認めざるをえなかったのです。だから、宗教が神をセット・インして押しつけ抑圧する一方で、人びとは教会の外で、魂の救済のいとなみを脈々と続けてきたという伝統をもっているんですね。いまの日本のお盆にはもう、そういう死者との対話がなくなってしまいましたね。

中沢　まったくおっしゃるとおりで、昔の日本はメキシコとそっくりです。盆と正月に死者が大量に帰ってくるわけですが、日本人の魂のバランスをつくっていたものは、祖霊や死者の存在だったと思います。祖霊は「スピリット」と「法」を結びつけるものとして作用していた。

死者が訪れるときというのは、冬のお祭りを見てもわかるようにひじょうに楽しいものです(これを商業的に演出したのがクリスマスですが)。スピリットが沸きたちます。と同時に、先祖である死者は生きている者の監督者ですから、ああしちゃいけない、こうしちゃいけない、いまの生き方はよくないと通告にやってくる存在です。そういう祖霊をとおして、日本人の精神のバランスがとられてきたと思うのです。仏教でも神道でも、祖霊をとおしてスピリットと法の関係がコントロールできていた。だから柳田国男は、日本人にとって何がいちばん大事かといったら祖霊信仰だ、と言いましたが、言いたいのはこのことだったと思います。

宮崎勤の供述をみていますと、おじいさんの死んだ魂に強い親近感をもっていますね。また、酒鬼薔薇の書いたものをみても、死霊のことを意識しているのではないですか。何がそこで求められているのか。おそらく死者との交流なのでしょう。それは日本人が失った最大のものであると思います。

これは靖国問題にもつながってくる大きい問題ですが、靖国神社ができたから逆に、日本人は祖霊や死者のことを考えないようになったところがある。八月のお盆になると、祖霊を各家庭が迎えますが、そのときに、靖国問題が起こってくるわけです。それぞれの祖霊のあいだには違いがあります。一つは個人や小さい共同体の祖霊で、もう一つは国家がつくり出す祖霊。この二つの違い、祖霊が「英霊」として意味づけされることの違和感を日本人は敏感に察知してきましたから、お盆が祖霊の祭りであることの深い意味を、逆に靖国問題が風化させてしまっている面もあると思います。

佐藤 死者との共存の問題が解決しないかぎり、歴史は死者の語りですから、歴史感覚が宙ぶらりんのままだと思います。靖国問題にしても、英霊たちに名前をつけてふるさとに帰さないかぎり、いつまでも死者が抽象化されたままです。

モノに触れるということ

佐藤 ところで、ぼくは子どものころ、いつも気に入った石ころをお守りのように持ち歩いていたんですね。考えてみますとあれは、モノの世界に触れると同時に、精神的なかかわりであったと思うのです。

中沢 モノとの触れあいということに関して、子どもたちはいま、どうなのでしょう。コンピューターに囲まれているけれど。

佐藤 それこそコンピューターやテレビのもっている魂の侵食力は強いと思います。よくいわれるのは、都会の子どもが林間学校へ行って、満天の星を見て「怖い」って逃げだすという光景です。でも、それも一つの感受性といえば感受性なんです。自然に怖さを感じるのも大切だから。
それよりも現在いちばん大きな問題は、モノがあふれているといいながら、あふれているのは商品だけで、実際にはモノが遠のいていているということですよ。

中沢　モノが見えないのですね。

佐藤　中沢さんの書かれたものをいくつか拝見したなかで、モノへのこだわりといいますか、宗教を唯物論的に支えていこうとする(笑い)、そういう企てがありますね。どういう点からそうお考えになっているのか、うかがってみたいと思っていたのですが。

中沢　ぼくは唯物論について、ちょっと変わった理解の仕方をしています。
日本の宗教では、あいだに媒介物を入れずにモノをじかに見ることが大事だ、ということをしきりに言っていると思うんですね。神道が「清きあかき心」と言うのもそうですし、禅宗が「直指《じきし》」といって、直接モノにあたれと言ってるのもだいたいこれですし。「妄想を去る」ことの重要性を言うのも共通しています。東洋的な宗教は、妄想を去ること、リアルをまともに見つめること、神はモノに直接触れていることを強調しますが、この考えをキリスト教圏のなかで展開していったらどういうかたちをとるだろうか。そう考えたとき、西洋のキリスト教圏ではきっと極端へ走って、「物質につけ」と言うと思ったのです。
だから、唯物論というのは物質主義のように見えるけれども、あれはモノにつけということで、「妄想を去れ」ということなんだし、イスラムに翻訳すれば、「アッラーのほかに神なし」ということになるのでは。

マルクスは「商品社会の妄想を去ろう」と言っているし、レーニンは「国家というもののなかにいない人間を考えてみろ」と言っている。ぼくは唯物論というのをそんなふうに考えてきたんですね。だから逆に言うと、物質は魂を侵食するものではない、魂を侵食しているのはもっと別の原理で、物質などではないんじゃないか。

佐藤　ほんとうですね。

中沢　それはひと言でいえば貨幣です。

佐藤　そういうことです。

中沢　貨幣は物質ではない。いまになってみるとはっきりわかりますが、あれはもう、情報ですね。情報に還元されてしまうようなものでしょう。この貨幣が人間の魂を侵食し、またモノに触れさせなくしている。だから、いまは物質主義の時代だなんていうのはとんでもない間違いで、物質なんかどこにもない。あるのは、チョギャム・トゥルンパが言ったように、「スピリチュアル・マテリアリズム」(精神化された物質主義)ばっかりですね。

佐藤　まったく同感です。まえに中沢さんが書かれた物質観の問題ですが、「ピュシス」ということを言われている。モノは霊性を帯びていて、モノそのものがスピリチュアリティを醸しだすというか、そういう霊性を帯びたモノとしてしか人間のまえにモノは現れてこないという問題ですね。いま、モノなんかどこにもないですね。

大人と子どもの〝救済されあう関係〟を変えていけるか

佐藤 結局、いまの子どもたちは精緻に管理されたシステムのなかにありながら、そのシステム自体が瓦解しているわけです。今後、その進行は早いと思います。たとえば、現在の家族のシステムなんて、もうほとんどなくなってしまうのではないでしょうか。

中沢 十年もたないかもしれませんね。

佐藤 もたないでしょう。十年前の日本の離婚率は世界最低でしたが、すでにドイツ、フランスと肩を並べていて、世界のトップレベルです。それくらい進んでいる。

中沢 もう家庭つくらなくなるんじゃないかな。

佐藤 つくらないですね。まず、親が子どもの世話をしなくなっているでしょう。テレビに子守をさせ、甘いキャンディでご機嫌をとり、あとはもう学校に任せる。こういう状態になりつつある。

大人―子ども関係の問題でいうと、子どもというものを近代の社会は救済の対象にしてしまったんですね。「救済の対象としての子ども」というのが、近代が成立させた子ども像です。宗教的にはサルベーション(宗教的救済)の観念と子どもの発見が併行して進行する。この「救済」は二重の構造をもっていて、子どもが救済される対象であると同時に、子どもとかかわる大人が精神的に救済されるというもので、子どもの神格化につながっている。

中沢　原型は動物保護でしょう。
佐藤　そうなんですかね。
中沢　動物と人間の関係を、大人と子どもの関係に変形している。動物を守らなければいけない。保護区に入れて大事にする。動物を大事にすることによって人間が救済されるという回路があるんでしょうね。
佐藤　もはや家族が機能しなくなった現段階において、子ども・若者にとってこの救済の回路がじつはたいへんな呪縛であり、なおかつ抑圧として、排除と差別というかたちに転じているわけです。そうなったときの子どもの問題というのはむしろ、市民社会の原理でシチズンシップの問題へ移すべきではないでしょうか。つまり、子どもは大人と同等に自立した存在であり、なおかつ自分の生活を築いている存在で、またその尊厳が認められるべき存在だと再定義したほうがいいと思うのです。いろいろな問題を抱えている子どもたちについて、彼らの生活を見てみると、まわりの大人のほうが幼稚なケースが多い。問題を抱えた子どもの家族のなかで、いちばんオトナなのは子どもなのね。
中沢　大江健三郎さんの『「自分の木」の下で』(朝日新聞社)という本がありますよね。大きな反響を呼んで、めずらしく大江さんはマスコミに積極的に出てきて話をされた。そこで大江さんは、イニシエーションなんて人間には必要ないんじゃないか、大人なんていっても子どものままであって、それが次に生まれた子どもを抱えてずうっと一緒にいる、それでいいんだ、と言っている。これ、結局はいまの日本の家庭ですね。日本の家庭の人は内心忸怩《じくじ》たるものがあるわけです。いつまでも子どもは親の家を出ていかないし、親はいつまでも子どもっぽいし。ところが、大江さんがああ言うと、読む人はホッと胸をなでおろします。

そうして出来上がった「それでいいんだよ」「これでいいのか」という悪循環が、何かとても気持ちの悪いものをつくり上げているとぼくは思う。こういう考えを一つの思想として出したときに、何かとても変な免罪符を日本社会に流布させているのではないかと思います。

佐藤 その気持ち悪さと同時に、なぜあんなに受けるのか、よくわかります。

中沢 でも、やはり人間は、大人になるべきです。そんなに簡単に「大人になる」ということを放棄すべきではない。最後まで追求すべき価値あるものが「大人」というもののなかにはあると思います。

佐藤 だから、まさにイニシエーション(成人式)を失ったことが、いまの子どもと若者の不幸なんですね。

中沢 大江さんは、そんなものはもういらないとおっしゃるのですが。

佐藤 そういうことでしょうが、イニシエーションの喪失は深刻です。たとえば、十年前、高卒者に対する求人数は百六十四万人でしたが、今年は十五万人です。グローバリゼーションのなかで、もはや社会参加のレベルにおけるイニシエーションの機会まですべて奪い去られている状況です。

中沢 青少年が真っ当に稼げない社会というのも問題じゃないですか。子どもが稼げるような社会だったら、かなり事態は変わるでしょう。ぼくは子どものとき、屈辱感ありましたね(笑い)、こんなに金ばっかりの世の中で、子どもだけがお金を自由にできないというのは。

佐藤 ぼくは、親を選べる権利を子どもに与えたらいいと思っています。生みの親は生みの親でいいから、第二、第三の親を認めて多少の養育費を配分するぐらいのことをしたら、ずいぶん事態は転換していくと思うのですがね。

中沢 子どもみたいな親ばかりで、子どもの負担が増えませんか(笑い)。ぼくたちの世代はミッド・センチュリーに生まれたばっかりに、サイケデリック革命やらセックス革命やら、とにかく過激なことばかり体験しつづけてきましたからね。ぼくらが大学生くらいのときに、すでに「ノー・カー、ノー・ファミリー、ノー・ハウス」なんて言っていたわけでしょう。だから、いまの家庭崩壊の現象を見ても驚かない。

佐藤 驚かないですね。七〇年代にはもう登場していた。家族を必要としない文化がありました。

中沢 もう思想となっていました。ところが、八〇年代になって保守化してしまったんです。七〇年代とは違う方向でいけると思ってやってきたけれど、だめだったということでしょう。さらに家族を崩壊させようとする力と、名ばかりになった家族にまだしがみついていようとする力が同時により合わさって、混乱の度合がいっそう深まっているようですね。

家族・共同体が解体したとき、人は何をつくりうるか

佐藤 今後、家族を必要としない社会が模索されてゆくと思います。また、つくっていかなければならないわけですが。ただ、肯定的ばかりに見られないのは、子どもたちの実存的孤独、魂の孤独が確実に進行しているということです。

先日、都内の小学校の先生から聞いたのですが、家庭科の授業で自分の理想の家を設計してみようと、子どもに作らせたのだそうです。そうしたら、六年生の八十人すべての家が、家族の登場しない家だった。部屋がいくつもあって、しかも全部の部屋にテレビがあって、コンビニまである。それから、かなりの子どもたちが一室、拷問部屋をつくっているんです。自分を拷問するために。

中沢　うーん。

佐藤　鍵が五つつけてある部屋もある。そして家族は、親も、兄弟さえも登場しない。仕方がないから食事の場面を描いてもらったら、家族がみんな横を向いている、そっぽを向いている。東京の特殊な状況といえばそうかもしれませんが、いまの子どもたちがそういった魂の孤独のなかにある状況に対して、何かもっと別の、子どもならではの世界を準備する必要があると思うのです。

中沢　最近『フィロソフィア・ヤポニカ』（集英社）という本を書きまして、そのなかでもそういう問題を扱っているのですが。

田辺《たなべ》元《はじめ》さんという人は、人間の実存のあり方を「種」「類」「個」と三つに分けています。人間は「種」のなかに生まれる、家庭であったり共同体であったり、あるいは何か個体を超えたもののなかに生まれでて、それに取り囲まれて育つわけです。そして、その「種」のなかで大きい共同体ができあがっていって、これがたとえば民族国家みたいなものになっていく。ところが、人間はそのなかで個体です。「種」のなかにいてもひとりぼっちな側面はあって、そこには一種の弁証法的な関係がある。つまり、社会や共同体のなかで自分というものを意識しないまま生きているうちは平安無事で、果ては国民国家にいくだろうけれど、「個」というものを意識したとき、「種」の部分がだんだん解体していくんですね。

佐藤　そうですね。

中沢　極限まで「種」の解体を進めていくとどうなるかというと、「類」が出てくる。人類とか普遍とか神という。ここではじめて「個」と「類」が出会って、そこで宗教というのは完成するという考え方です。ただ、ふつういわゆる民族宗教といわれているものは、「種」のなかのものです。共同体の宗教として祭りをやったり神話を語ったりする、日本の宗教はだいたいこれです。ところが、「個」というものが「種」から分離しはじめたとき、「類」が出てきて、普遍性というのが浮かび上がってくる。

人間の世界は長いこと、この「種」が大きな力を持って分厚い生命力を維持できたのです。ここは愛の場所なんですね。家族愛やそれ以外の人と人とのつながりをつくり上げる場として、なんの努力もなしに持続できた。けれどもこの「種」が解体を起こしはじめたとき、「個」は一個一個バラバラになっていく。そうしたとき、「個」は「類」に向かいあっていくだろう。

なぜぼくがイスラムの話をするかというと、イスラム教というのがこういう構造をしているからです。つまり、アッラーと個体しかない。国家はないんです。イスラム共同体というのはありますが、これはアッラーの現れである各「個」を結びあわせたものにすぎないわけで、「種」ではない。だからイスラムの先見性というのは、この「種」的共同体が解体してしまったときに人間は何をつくりうるかということを、あの砂漠のなかで実験的にやっている、そういうところにあると思うのです。まじめなイスラム教徒がやっているイスラム教というのは、人間がいま持ちえている最高の精神形態の一つだと思いますね。神道がよく似た構造をもっているということを、何か未来に向かって逆転できないだろうかと、ぼくは考えているのですが。

家族の崩壊の問題も、共同体の崩壊の問題も、この「種」の解体です。田辺元はこの「種」を「基体」と呼んだ。田辺さんは「基体」は壊れないと考えましたが、壊れるんですね、これが。そして、愛はなくなるんです。そうしたとき、人間はどうやって結びついたらいいか。

これはいま、二通りに道が分かれている。一つは、もう一回「種」を復活しよう、素晴らしかった日本の人間関係やものの考え方を復活させようという、いわゆる保守の人がさかんに唱えるやり方です。日本の健全さをとり戻すために、「種＝基体」の部分を健全なものにつくりかえようと言っている。これも一理あります。ヨーロッパが今やろうとしているのは、ちょっとそこに近いところがありますね。ところが、日本の場合はもっとラジカルなんです。おそらく、こういう種的基体を復活しようというやり方ではだめなんじゃないか。そこで出てくるのがイスラム方式であると同時に、インターナショナリズムなんですが。インターナショナリズムというのは「個」と「類」、個体と人類だけなんですね。ただ、種の共同体というのを中心にソ連がやっちゃったので、だめになっちゃったんですが。

佐藤　インターナショナリズムの実験はやっていないんです、まだ。

中沢　フランス革命のあと、人類と個のあいだに共同体をどう形成するかというところからフランス社会主義の問題意識が発生して、オーギュスト・コントからデュルケイムまで、この問題点をずっと追求していると思うのです。そして、その先にはレヴィ＝ストロースの「構造」というのが出てくるわけですが。これも、社会主義思想と関係しているのです。こういう考えを、思想のなかに復活させる必要があるのではないか。一つは初期の共産主義のなかにあったインターナショナリズムの考え方です。もう一つは、コントからデュルケイム、レヴィ＝ストロースにいたる普遍と個を結ぶ中間項の共同体とは何かという、いわゆる「構造」というものをどこに求めるかという思想。それとイスラムの問題。これが今後の問題の大きなヒントになっていくのではないかと思います。

だからいま、日本人はどっちに行くべきか。あんなによかった日本人の世界を再生するために人情を回復し、強い父親を復権して共同体を回復する方向にいくのか。もう一つは、どんなに素晴らしいものであっても、こいつはもうちょっとだめだよ、あきらめましょう、捨てましょう、それで別の道へ行こうとなるのか。そういうところに来ているのではないでしょうか。

新しい共同体を支えるものをどこに見出すか

佐藤 いまのお話はひじょうに興味深くうかがったんですが、ぼくはちょっと違ったところから同じ問題を考えていましてね。いずれにしろ、いまの日本の中心問題は共同体の回復でしかない。しかし、国家とか家族の回復はありえない。言えばいうほど崩壊が始まるだけのことですから。そのときに、ぼくはむしろフーリエ的なユートピア社会主義のアソシエーショニズム（協同社会主義）にかけてみたいと思っています。

国家と家族に代わるまさに中間項的な共同体として、個と個をつなぐ「アソシエーション」と呼ばれる協同社会があって、たとえば十九世紀後半のアメリカでは、数多くのアソシエーショニズムの実験が行なわれたわけです。デューイなどの民主的社会主義は、フーリエ主義の延長線上におかないと理解できないと思うのです。情念の共同性によってユートピアを構想したフーリエも、その実現の場としてニュー・ワールドを想定したわけだし、オーエンもそうですね。十九世紀終わりごろの社会主義構想のなかに、国家や家族というシステムとは違った相互扶助の協同社会の時空を設定した流れがあったということを——これらの思想はいずれも宗教を否定しませんでしたが——、もう一度みていく必要があるのではないかと思っています。

中沢　フーリエの愛の共同体の問題というのは、キリスト教の愛の問題と深く関係しています。フーリエがどういう精神の系譜にあるかといえば、自由霊運動、フリー・スピリット運動の延長上にある。それは「愛に戒律を与えない」ということです。愛の内部にエチカの構造を見出しているということですが、これまで人間の体験がそれにくだした裁定は、それはあり得ないというものだったと思います。愛は内在的にエチカを発生させないんじゃないか、ここがぼくがその問題について思っていること、抱えている問題ですね。

佐藤　フーリエの場合、十五歳までの学問と芸術の導入教育に続いて、十五歳から二十歳までは男女平等の性愛を学びの中心にすえています。その学びを通して性愛のエチカをつくっていく。青年期は性愛を教育課題の中心にするんです。

中沢　ロラン・バルトが『サド、フーリエ、デ・ロヨラ』という本を書きましたが、フーリエの描いている性愛の共同体と、イグナチオ・デ・ロヨラが描いているイエズス会の構造がよく似ているということなんですね。愛の共同体は何かに支えられています。イエズス会の論理と同じようなゲームの規則があるのですね。完全に自由なスピリットの活動ではないわけです。

ここが、日本人がそういうものを受け入れるときの重大問題で、フーリエの問題にしても、アソシエーションの問題にしても、背後にはキリスト教があるぞってことを見落としてしまったとき、いつも議論はトンチンカンなものになっていく。でも、現実にそれを運動としてつくっているのは、鼻持ちならない母子関係であったり、男女関係であったりする。たとえば左翼運動によくあった男女関係のような――男はマザコンで、いつまでたっても若い娘が好き。少女が好きで母親が好きで、という関係性ですね。この問題がヨーロッパであまり発生しないのは、キリスト教の問題意識があるからです。これはやっちゃいけないことなんです。

佐藤　ほんとうですね。いいお話を聞いた、きょうは（笑い）。

「不完全な存在」にとどまり、祈る

佐藤　六年前に中沢さんとお話したときに、たしか二十一世紀は魂の救済が思想的中心課題になるとおっしゃいましたよね。ぼくは少し別のかたちで、二十一世紀の思想の軸を三つ考えているんですが。

一つは「学び」です。教育よりは広い意味での学びです。文化を社会の生きた細胞のように流動化したものとして活性化し、人と人との交わりのなかで再創造してゆく学びの思想と実践です。二つめが「ケア」の思想です。十九世紀と二十世紀は産業主義の時代であり、商品の生産過程に労働力の再生産過程を従属させてきましたが、二十一世紀には、再生産過程にあったケアや学びを生産過程より優位におく社会を築く必要があります。「生産と競争」から「再生産と循環」への構造転換を、ケアという思想を中心に推進する。そういうケアの思想が今後、必要ではないかと思っています。フェミニズムの問題もそこに絡んできますが。

三つめとして、「祈り」の問題があると、ずっと考えていました。祈りを復権しなくてはいけない。祈るという行為にとどまらず、心情や感受性としても、祈りを支えるものが消えているような気がしてならない。つまり、人知を超えたものや自分の限界を超えたものに託する、そういう心性とハビトゥスが衰退してしまっている。

中沢 ぼくは日本の「信心」というのが好きですね。石のお地蔵さんやお稲荷さんに花を捧げたり、道端の苔むしたつまらないものに手を合わせたり、というのがひじょうに好きです。天空の神に祈りを捧げるのもいいかもしれませんが、ああいうちっぽけなつまらないものに祈る日本人の祈りというのが、この列島上に生きた民族のつくり上げた精神性のなかでもっとも高貴なものだと、ぼくは思っています。敬虔さっていうのか。

佐藤 ある種の畏《おそ》れ、畏敬に通じるものですね。かつてはモノに対しても人に対しても、触れることへの畏れの感情がありました。たとえば、ぼくは八〇年に最初に教員養成に携わったのですが、そのときの学生たちのなかには、子どもに関わること、つまり教育に携わることや、人の人生や魂に触れることへの畏れの感情がまだありましたね。ところがいまの学生にはその感覚が希薄です。他者を理解しようとするほうには向かいますが、相手の内面や実存に触れることの畏れ、あるいは触れてはならないものがあるという感覚が消えたような気がしてならないのです。

「祈り」というのをどう定義するかはとてもむずかしいのですが、一つには、自分の限界を超えたものの存在、自分を超えるものへ託すということがあると思います。

中沢　そこには二つのことが考えられるのではないでしょうか。「完全であるものを希求する」ということと、「自分が不完全であることを意識する」ということ、この二つはちょっと違いますね。信仰は、この「完全なもの」のなかに心を向けて、自分もそうありたいと希求したり、あるいはその「完全なもの」が自分のなかにあると思い込む。一方、自分が不完全であるというところの絶対的な認識にとどまる、そういう祈りもあるのではないでしょうか。ヴィトゲンシュタインは、不完全であるなかにとどまっていくんですね。こういうヴィトゲンシュタインの祈りというのがあると思う。あの人は祈っていたように思います。

佐藤　学びの伝統にも完全信仰、パーフェクショニズムの伝統というものがあって、西洋のキリスト教世界は、修養をパーフェクショニズムにもっていったわけです。

中沢　「祈り」もだいたいそちらに考えられてきました。それに対して日本の「信心」の場合は、ヴィトゲンシュタインに近いと思うのです。こんなどうしようもない人間でとか。浄土真宗などでは、もうどうしようもない人間で申し訳ないと懺悔するわけでしょう。ようするに懺悔の祈りです、不完全であることの。これは「完全なもの」を信仰するというのではない。こっちの祈りが大事ではないかとぼくは思います。

佐藤 不完全性にとどまりながらという。

中沢 そう。「完全なもの」への信仰の延長には、擬似的な形態としてビル・ゲイツみたいなのがきっと出てくる。完全な金持ち、完全な権力者、完全な正義。もっと小さい範囲でいうと、ご教祖さまの完全さみたいなものになってきますが。懺悔の祈りというのは、そういうものをつくり出さないのではないでしょうか。

でも、子どもたちにとって懺悔というのはどうですか、教えることはできますか。

佐藤 子どもって道徳的ですから、逆に懺悔ばかりしているのではないでしょうか。だから、むしろそこをもっと肯定してあげる。励まして、とがめない。不完全さを自覚することは、人として素晴らしいことだよとか、あるいは、希望を託して祈ろうねというふうに。

中沢 それは大事なことですね。

佐藤 祈りにつなげていく、明日につなげていく、その思いを人に託す。未来に託す。これらのいとなみは子どものほうがむしろ有能なのではないでしょうか。

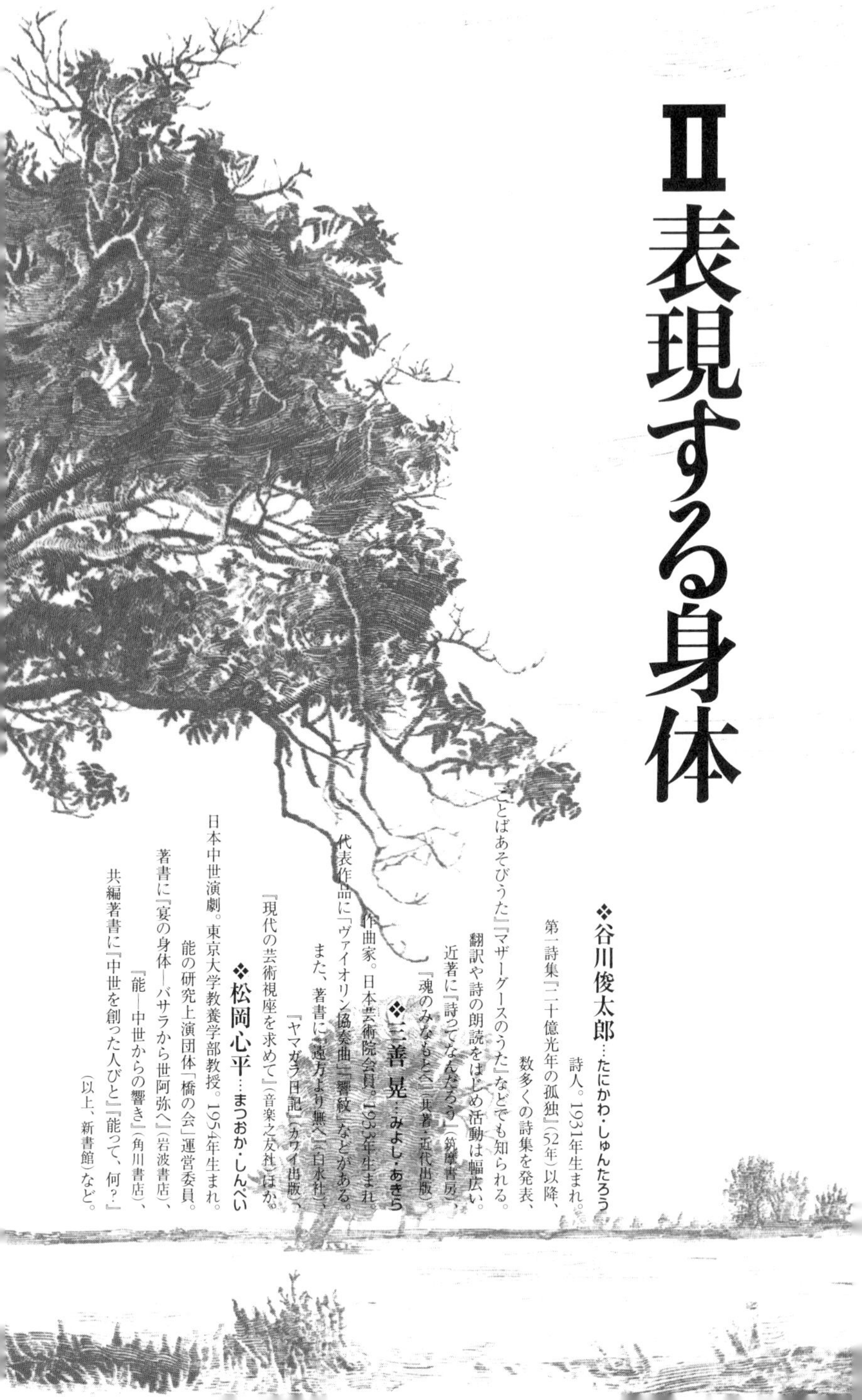

II 表現する身体

❖谷川俊太郎…たにかわ・しゅんたろう

詩人。1931年生まれ。第一詩集『二十億光年の孤独』(52年)以降、数多くの詩集を発表、『ことばあそびうた』『マザーグースのうた』などでも知られる。翻訳や詩の朗読をはじめ活動は幅広い。近著に『詩ってなんだろう』(筑摩書房)、『魂のみなもとへ』(共著・近代出版)。

❖三善晃…みよし・あきら

作曲家。日本芸術院会員。1933年生まれ。代表作品に「ヴァイオリン協奏曲」「響紋」などがある。また、著書に『遠方より無へ』(白水社)、『ヤマガラ日記』(カワイ出版)、『現代の芸術視座を求めて』(音楽之友社)ほか。

❖松岡心平…まつおか・しんぺい

日本中世演劇。東京大学教養学部教授。1954年生まれ。能の研究上演団体「橋の会」運営委員。著書に『宴の身体—バサラから世阿弥へ』(岩波書店)、『能—中世からの響き』(角川書店)、共編著書に『中世を創った人びと』『能って、何?』(以上、新書館)など。

「自由に表現して」と言われると
身体はこわばり、
「気持ちを込めて」と言われると、
感情は凍りついてしまう。
表現は自己の表出ではない。
むしろ自己表出に対する抑制である。
だから、表現者の身体は、海のような沈黙をたたえている。
表現する行為のまえには身体のざわめきがあり、
表現されるものは、その息づかいのなかに準備されている。

❖芦原太郎…あしはら・たろう
建築家。1950年生まれ。
85年、芦原太郎建築事務所設立。
おもな作品に「M-HOUSE」(86年)、
「笠間日動美術館東館」(90年)、「F-HOUSE」(94年)、
「岡山県文化交流施設・水島サロン」(96年)、
宮城県「白石市立白石第二小学校」
(96年・北山恒氏との共同設計)などがある。

❖鮎川 透…あゆかわ・とおる
建築家。1951年生まれ。80年、環・設計工房設立。
九州芸術工科大学非常勤講師。
おもな作品に「遠賀町コミュニティセンター」(86年)、
福岡県「山田市立下山田小学校」(97年)、
生涯学習拠点施設「ユメニティのおがた」
新築工事(2001年、直方市)などがある。

ことばはからだぐるみで

できあいの物語を拒絶する

対談者

谷川俊太郎

書く詩人から、読む詩人へ

佐藤　ぼくには谷川さんがある時期から詩人として沈黙することを選択されたように思えるんです。ぼくはいま、かなり意識的に過剰にしゃべる方略をとっているけれども、もしかしたら、もはや、もっとべつのところからしかことばが立ち現れてこない状況なのではないか。そう感じていて、谷川さんがあえて沈黙を選択されたことについて、またこの数年、沈黙のなかで何を考えていらっしゃるのかについて、きょうはうかがいたいと思っています。

谷川　何も考えてない(笑い)。そんなにきっぱりしたものではなくて、ひじょうにいいかげんなんです。もう詩を書かないほうがいいと思ったのは意識的なんだけど。
ふり返ってみると、ぼくは、ことばや詩というものをあまり信用せずに、それを疑いつづけながら書いてきたところがあって。そもそも、詩がすごく好きだったからというより、友だちに誘われるままに詩を書きはじめたような感じで、よくいうのは、詩と恋愛結婚したんじゃなくて、見合い結婚したみたいだと。で、はじめのうちは自分の感じたこと・考えたことを詩にしていたけれど、ある段階から「詩というのは詩人の自己表現とは違うものなんじゃないか」と思うようになったんですね。自分のなかにそんなに自己表現に値するものがあるのか、自分というものの貧しさにくらべて、日本語は遙かに深くて豊かなものであると。その日本語に潜んでいる歴史的・地理的な大きさや深さを、自分はむしろイタコのような役割になって、詩にできたらということを考えてきたんです。それで、「ことばあそびうた」みたいなものを書いたりね。
そうしてずいぶん長いあいだ詩を書きつづけてきて、詩やことばへの疑いがそのまま主題になっている詩もけっこうある。それでも、そうやって疑いをもちながらも、詩というものに自分が侵されてしまったと感じて、詩を書くのをちょっとやめたほうがいいかな、と。簡単にいうとそういう筋道なんですけどね。

佐藤 詩に侵された……。

谷川 散文というのは人間世界を書くことで、そこにしっかりと根を下ろしているものだけど、詩というのは一種、そこから少し浮き上がって人間世界を俯瞰《ふかん》しているようなところがある。書きもののうえだけであれば、それでいい作品もできるわけだけれど、それに実生活が浸食されてきて、自分がそのフワフワした詩の世界に住んじゃったんじゃないかと疑いだしたんですね。そこで沈黙したというよりも、詩を書くのではなくて、いままで書いてきた詩を声にだして読む、目のまえの聴衆にじかに詩を伝えるということをやりだしたわけです。

佐藤　その転換には、いま、何をいってもことばが消費されてしまう、ある定められた構造のなかにたちまちポジショニングされてしまう、という状況もかかわっているのではないかとぼくは思ったのですが。

谷川　その問題はほんとうに感じますね。ふた昔くらいまえだと、たとえば大江健三郎さんが新作を出せば、それは一種の事件だった。でも、いまはすぐに過ぎ去ってしまう。作品が変質したのではなくて、状況が変わったんですね。

かつて吉本隆明さんだったか、「世界を凍りつかせる一行」みたいなカッコイイことをいって、詩人はみんなそれにあこがれたわけですけど、いま、どんな一行を書いたって、世界は凍りつかない。ぼく自身、どんなにすばらしい詩を書いてもそれは消費されるだけだと、そうとう以前から思うようになっていました。だから、印刷メディアで詩を発表することよりも、いまここで、目のまえの二百人なら二百人の聴衆に向かって自作を読むほうが、ずっと伝わっているという実感があるんですね。健康にもいいし(笑い)。

ぼくは、マスメディアで詩を生かすことを先頭に立っていってきた人間だけれども、マスメディアから退きたいという気持ちは十数年まえからあったんです。それで、自作朗読を積み重ねてきて、このほうがいまの時代にはずっといいんじゃないかと思うようになった。つきつめれば、一晩、だれかが詩を聞いてくれて、あくる朝には忘れるものかもしれないけれど、その場の一刻というのがひじょうに貴重である。詩を書いて、雑誌や本に文字として発表するのとはぜんぜん違う、その場のからだぐるみの交歓があるわけです。そういうものを自分は回復したがっていたんだな、と思いますね。

生きることを物語に要約することに逆らって

佐藤 先日、ある大学生からこんな話を聞いたんです。その男子学生はEメールで不登校の子どもたちとチャットをやっていましたが、ある中学生の女の子から、三つの選択肢から選んでほしいといわれたんです。その選択肢というのは、一つめが「私をしあわせにしてくれるか」――つまり結婚してくれるか、二つめが「私を殺すか」、三つめが「私といっしょに死んでくれるか」です。相手の学生はどう答えたのかというと、何日も必死で考え悩んだあげく、「いっしょに死のう」とメールを送ったというんですね。会ったこともない相手なのにと驚きましたが、ぼくはその話を聞いて、彼はほんとうにいっしょに死のうと考えたと思ったんです。

谷川 どういうメールの交換をしてたのか、そこにいたる経過に興味がありますね。

自分のいうことをちゃんと受けとめて聞いてくれる人がいたらすごくしあわせなことだけど、なかなかそうはならない。Eメールや携帯電話でやりとりされる会話で自分のなかの渇きが癒されるとは、ぼくには思えないけれど、その程度のことばの交換すらないから、ああやってしゃべり続けないと不安なんでしょうね。「ケータイがなかったら死んじゃう」って若い子たちが本気でいうのを聞いて、ほんとうに深刻だと思った。それほど心の交流を求めていて、とりあえず満たそうとしているわけでしょう。

佐藤 その世界ではしかし、他者との会話ではなくて、自分を投影した相手にむけた自己内対話になりがちです。そういうかたちでしか成り立たない対話って、なんだろう。たとえば、さっきの不登校の子のように極端なことばへ行ってしまう問題がありますし、さらに、そこにつきあっていく学生やボランティアたちが、そのことばに過剰に反応してしまう問題がありますね。そうして、それじたいが自己閉塞的な状況をつくりだしてしまっています。こういう状況はいったいどこから崩せるんだろう。

ことばが現実を離れてしまっているこの状況を、谷川さんはその先端で詩人として感じられていると思うのですが、これはいま、みんなが抱えている問題だと思うんです。

谷川 もう何十年もまえに、たしか福田恒存《ふくだつねあり》さんが「ことばがインフレーションを起こしている」ということをいわれて、ぼくもそういう印象をもちつづけてますね。ことばがインフレを起こしてどんどん膨張していくと、現実というものがみえにくくなる。言語世界からみる「現実」はバーチャルなものになっていきます。とくに、マスメディアやジャーナリズムが使うことばの氾濫――一種のクリシェ(きまり文句)みたいなものが、子どものからだにうんと小さいときから入っていて、小学生なんかでもテレビでインタビューされたりすると、ペラペラしゃべるじゃない。自分のからだのなかの混沌からことばを生んでいるのではなくて、できあいのものをつなげて、けっこうきれいに意見をいってしまう。

そういう、いま流通していることばに頼らずに、自分の現実というものをどうやってつかみ直すか。大人ですら怪しいんだから、子どもは大変ですよ。これはもう、完全に一人ひとりが、だれにも頼れない問題として抱えなくてはならないことだと思います。流通しているマスメディア言語みたいなものをよっぽど捨て去らないと、自分というものが現実をつかむことはできないんじゃないでしょうか。

佐藤　わかったような気になっているもの、できあいのことばでつながっているものをどう切断していくか。そこでもうひとつ問題にしたいのは、物語を破壊し拒絶するということです。安易に物語に仕立てあげないための方略を考えないといけませんね。いまは、なんでもストーリーになってしまうでしょう。

たとえば、以前、援助交際をしている子たちにインタビューしたとき、どの話もきれいに物語になっているることにひじょうに憤りを覚えました。親を恨む物語、親の子育ての責任というパッケージの物語になっている。反面、その物語からはいつでも抜けだせるという感覚が彼らのなかにはあって、つまり「リセットできる」という感覚です。そう感じられるのはなぜかというと、経験を生きているのではなくて、物語で自分を生かそうとしているからです。そういう仕組みにからめとられていると気づいたとき、これはもうダメだと思った。物語を拒絶しなきゃいけない。物語が氾濫することで、いま、人間は「のたうちまわる」ことができなくなったんじゃないでしょうか。

谷川さんはたしか何年かまえに詩集のなかで、物語の拒絶にかかわることをいわれていましたね。

谷川　「生きることを物語に要約することに逆らって」という一行があります。

ぼくは物語というものもすごく大切なものだと思うけれども、あまりにも人間の魂に結びつかない物語が氾濫していて、荒唐無稽なストーリーのコンピューター・ゲームもそうだし、いま売れている本も、そういった物語性で売れてますよね。そういう物語に人間を、絶対に要約してもらっちゃ困る、という気持ちは強かったですね。

見ること・話すことの手前に聞くことがある

佐藤　できあいのことばや安易な物語を拒絶して沈黙してみる。そのとき、「聞く」という行為が浮かびあがってきます。話すこと・見ることに対する「耳の優位性」というか。受動性に身をさらすということにどれだけ開かれるか。これはぼく自身のテーマでもありますが、よく考えてみると、学びという行為も最初は受動性なんですね。「聞く」「容れる」という応答的な行為ですから。ケアもそうです。いま、なぜ人びとが学びやケアの世界に強くひかれているのかを考えてみると、能動性に駆りたてられる現代の状況や自意識を、どこかで転覆させたいと求めているんじゃないでしょうか。

谷川　ことばで表すというのはたしかにすごく大事なことでもあるんだけど、戦後の教育をみていて、すべてを言語化させようという動きがちょっといきすぎてると感じることはありましたね。

佐藤　いまでも、活発に意見をいうとか、発言するための指導はいっぱいしてます。でも、たとえば、幼少期や思春期にシャイであること——恥ずかしがり屋だったり、おとなしかったりという性質は、大切にしたほうがいいと思いますね。

谷川　「話す―聞く」ということについて、ぼくが親にいわれて強く心に残っているのは、大人同士が会話しているときに子どもが口を出すと、こっぴどく叱られたことです。いま考えると、それは聞くことと、その場の全体的な配置を判断することを教えてくれたと思いますね。自分と複数の他者との距離をひとつのコンステレーション（星座の位置）として把握する力は、子どもにとっても大事なことで、言語化して表現することがともかく大事なんだと教えてしまうと、全体を判断することにはつながっていかないでしょうね。

佐藤　先日、デューイについて論文（「公共圏の政治学」、『思想』二〇〇〇年一月号）を書く機会があったんですが、彼はコミュニケーションにおいて、書きことばよりも話しことばが優位だとまずいったうえで、話しことばのコミュニケーションのなかでも聞くという行為がいかに重要かということをいっています。「聴覚と、いきいきとほとばしる思考や情動との結びつきは、視覚とそれらとの結びつきよりも圧倒的に緊密であり多彩である」と。「見ること」は「観照者」（評論家）になることであり、「聞くこと」は「参加者」になることだといってまして、なるほどとうなったんです。

現代という社会は、意見をつねに求めているけれど、その手前にある「聞く」という行為がつくりだす、もっと多彩な目に見えない絆、あるいは見えない確執を消してしまっている。そのための装置として、メディアやマスコミが働いていますね。

谷川　ぼくにとって「聞く」ということは、音楽とともにある青年時代を過ごしたこととともかかわって、世界の認識の仕方としてすごくエロティックなことでもあります。それに、詩なんか書いてると、音韻的な側面はつねに気になるわけです。

詩というのはことばだから意味があるものだ、と思っている人が多くて、すぐに主題はなんだ、何がいいたいんだといわれるけれど、ぼくはノンセンスな詩を読むことで、ある種、それに抵抗している。ことばというのは意味だけではなくて、響きもあるし、イメージもあるし、肌ざわりもあるということを、ノンセンスな詩のほうがずっと伝えやすいんです。そういう、ことばの持っている肌ざわりの感覚を忘れて、みんな意味だけを求めすぎる。コンピューターは意味しか伝えない性質があるわけだから、そういうものの対極にある言語を、自分は人のまえで読んでいきたいと思いますね。

よほど不幸な環境でないかぎり、人間は生まれた瞬間からことばの海のなかに生まれてきます。そのとき、母親や大人たちが赤ん坊に語りかけるのは、愛情をともなったことばで、しかも、そこではぜんぜん意味は関係ないわけです。ただただ、愛情のひとつの形式であって。そういう環境に生まれてくるのだから、ほんとうはことばの始まりというのは、すごくしあわせなものなんです。

そこからじょじょに、大人は子どもに管理的・命令的なことばを使わざるをえなくなって、そのおかげで子どもはちゃんと社会で生きていけるようになるわけだけれど、ことばにはそういうしあわせな始まりがあることは、あまり意識されませんよね。少なくとも、ことばというのは意味だけじゃない、もっとからだぐるみのものだし、ことばを超えたものに触れているのだと思います。

佐藤　いまや、ことばも市場の「交換の関係」のなかに組み込まれてしまっているけれど、声を聞くだけでうれしいとか、声をかけあうことで友情や好意を交わしあうという「贈与の関係」が、ことばの基盤にはあったはずですね。母親に怒鳴られても傷つかなかったのは、その声のなかに愛情を感じられたからなんでしょうね。

谷川　子どもの喧嘩だってそうです。だから、ことばは本来、自分と他者との現場にしかなかったものだったのが、印刷やラジオやテレビの発達で、現場からどんどん離れていった。そうやってことばが抽象的なものになってしまったのをどうにかしたいと思うと、やはりどうしてもマスメディアからは離れますね。ある一人の友人と話をする、というのが基本的なメディアなんじゃないでしょうか。

「自己表現」を超えた無名性の豊かさ

佐藤　「間がもたない」ということが、よくいわれますでしょう。あれはきっと、相手と自分とのあいだで息づかいのようなものが共有されていないから、間がもたないんでしょうね。

谷川　ふっと間があいたとき、その沈黙に耐えられるか耐えられないかは、一種の自己充足の程度にかかわっているんじゃないでしょうか。自己充足して孤独を見つめられるか、つねに他に依存して孤独から逃れようとしているか、その違いなんじゃないかな。あるいは、自分の考えていることや、そのとき心に浮かんだものを全部ことばにせずにはいられないというのも、人に受けとめてもらいたいからかもしれないけれど、自己充足してないからかな、と思います。そういう人と話すとき、他者というものが見えてない、あるいは他者のことを考えてくれてないと感じますね。

若くてまだ未熟な人の詩にも、それに似たものを感じることがあります。つまり、ほとんど垂れ流しで自分のいいたいことをバーッと出していて、作品として成立していない。たんなる愚痴みたいに思える。そういうものは騒がしいんです。どんなに切実であっても、ある種の騒がしさをともなっています。

詩のことばが作品として成立しているかどうかは、ほとんど直感で判断するしかないんだけれど、ひとつには、そのことばが作者を離れて自立しているかどうか。そのように自立したことばというのは、書いた人間の騒がしさから離れて、たとえどんなに饒舌に書かれていても、ことば自身が静かになってそこに在る。逆に、たった三行の詩でも、騒がしい詩というのはあります。詩というのはいわば芸がないと成立しないものので、ほんとうは、芸があってことばが自立しているほうが、実際には他者によく伝わるはずなんです。「自分はこんなに苦しんでるんだ」ということをいうだけでは、意外と他者には伝わらないものです。

いま、だれもが「オレが、オレが」と自分を表現しようとしていることが、たぶん騒がしさのいちばんの源なんじゃないでしょうか。じゃあ、騒がしくないことば、沈黙をどこかに秘めたことばとはどういうものかを考えたとき、それは個人に属しているものではなくて、もっと無名性のもの、集合的無意識のようなところから生まれてくるものだと、ぼくは思う。詩というとつい、高村光太郎とか宮沢賢治とか中原中也とか、天才のほうに目を向けがちだけれど、その裾野には、たとえばわらべうたのような完全にアノニム（作者不明・匿名)な詩の世界があるんです。マザーグースなんかもそうですね。そういう無名性のことばに、ぼくは早くからあこがれていましたね。

佐藤　しかし、そうなるとむずかしいのは、一方では無名性として自立したことばでありながら、もう一方では具体的な生身の身体の声としてつながっていかなければならない。

谷川　詩を書くときには、いくら自由詩でも、やはりふつうの会話や散文とは違うことばのレベルへ入っていきます。そこでは、私生活的な私ではない、もっと他者と意識の下のほうでつながっている、「他者と通路のある私」というのが出てきます。だから、多くの人が詩を意識の産物だと思いすぎているんであって、詩っていうのは実際は意識下の産物なんですよ。

佐藤　意識下の、ことばになっていない部分をことばにしていく、それが詩人の役割なのかもしれません。これからの芸術は、だれの作品かということより、作品そのものが佇立《ちょりつ》するような、無名性を回復しなくてはならないんじゃないでしょうか。逆に、科学や学問のことばは、それに携わり、創りだし、組み替えた人間の軌跡や経験と重ねあわせて、もっと身体化されていかないといけないのではないかと思います。

谷川　民芸運動の柳 宗悦《やなぎむねよし》が「自力の道」と「他力の道」ということをいっているんですが、自力の道というのは自分でがんばってある高みにいく、いわば天才たちの道。他力の道はたとえば民衆芸術であって、名もない人たちが日々のたつきとして毎日毎日、絵を描いたりしている、それがすばらしいんだと。その他力の道をとおっても、自力の道と同じ高みに達することができるんだと、柳さんはいうわけです。

そういう他力の道というのが、いま、すごく見つけにくい時代ですよね。伝統は途切れてしまっているし、共同体は壊れてしまっているし。だから、みんな自力でがんばっている。それはすごく不幸だなあって思うんです。現代芸術なんか、もうだいぶまえから出口がないでしょう。商業主義とも結びついているから、無名性なんかとんでもない、自分がスターにならなきゃ生活できない、みたいなことになってますからね。

すれちがいを肯定するコミュニケーションへ

佐藤 もっと違ったことばの世界・関係を築くための仕掛けをつくらなければいけませんね。思想の実践として、あいさつを交わすことや文章を書くことや、日常のことばのレベルから始めなければいけないと思います。今後、谷川さんはどういう戦略を考えられているのか、うかがいたいですね。

谷川 ぼく、そういうのぜんぜんないから(笑い)。自分のなかではまだ書きたくなること、書いて楽しいことはあるだろうと思ってますけどね。でも、いま、詩を書くことよりもむしろ、友人との日常的な会話のようなもののほうへ興味がうつっていますね。話す相手によって、会話の内容も、ことばの肌ざわりも違ってくるし、自分の口調も変わる。日常会話は記録されずにすぐ消え去ってしまうものだけど、そこでどこまで深いところで話ができるかというようなことに関心があります。それはもちろん、相手にもよることだから、自分だけでいくらがんばったってだめなんだけど。

佐藤　詩人で哲学者の篠原資明《しのはらもとあき》さんが『言の葉の交通論』(五柳書院)という詩論を書かれていて、その序論でおもしろいことをおっしゃっているんです。コミュニケーションのあり方を四つにわけて、一つめが「単交通」、つまり一方通行の語り、二つめが「双交通」で相互理解の語り、三つめが「反交通」で遮られる語り、四つめが「異交通」ですれちがう語りです。

それを読んで考えたんですけど、ぼくらは戦後民主主義のなかで、双交通の語りだけをよしとしてきたんじゃないか。単交通はまずい、遮られる反交通もまずい、異交通はもってのほか、すれちがって話にならないと。教育の世界でも家族の会話でも、お互いが通じあう相互理解のことばだけを特権化してきた。つまり、かみあわないことば、拒絶のことば、憤りをぶつけることばなどの価値を排除してきたんですね。

でも、それらがぜんぶそろってはじめて、人と人とでしか交わせないことばの世界がある。そこまでおりたとき、すべてわかるか、さもなければまったくわかりあえないというコミュニケーションではない、ことばの世界が広がってくる。教室の会話であれ、親子の会話であれ、友人や恋人の会話であれ、右往左往したことばの厚みというものが、会話を支えるのだと思います。

谷川　ぼくらは日常生活のなかで、あるていど親しい人間とのあいだでは、さっきの四つを終始やっているはずなんですよね。

佐藤　とくに必要なのは異交通の語りだと思います。「わかりあえるはずなのに、わかってもらえない」というわがままな意識を捨てて、まことしやかにいわれる相互理解・他者理解の神話を、一度ぜんぶうそっぱちだと疑ってみることが必要です。

谷川　ぼくはときどき、老人ホームみたいなところで詩を読むんです。ボケてる人はぜんぜん聞いてないんだけど、詩を読んでいると、歌をうたいだしたりする人がいるの。何かに共感しているわけですよね。あるいは「あなた、お上手ね」なんてほめてくれたりする。そういうすれちがいって、すごくおもしろい。詩のことばにはきっと、ほかのジャンルのことばにくらべて、からだが共感する余地があるんですね。

ボケ老人の会話って、二人がぜんぜん違う話題で、えんえん一時間でも二時間でも話していたりするっていうでしょう。それは意味の世界からみればまったく無意味なんだけれど、人間同士の交流ということからいえば、それで十分成り立つ大事なことだと思うんです。恋人同士の睦言なんていうのもそうですね。人間はそういうことばを実際には使っているのに、なかなかそういうものと公的な言語を、自分が使うことばとして結びつけて考えない。プライベートなことだって切っちゃう。でも、それこそ睦言や夫婦ゲンカ、友だち同士の会話みたいなものから詩や小説などまで、はっきりと地続きなんだと思いたいですね。

佐藤　一所懸命に話しあっても、すれちがって帰る。だけど、「ああ、会えて、よかったよな」と思うことがあります。もしかしたらきょうの対談も、そういう幸せな異交通だったかもしれない（笑い）。

創造という経験

「自己表現」の呪縛を越える

対談者
三善 晃
松岡心平

創造力があるから表現が生まれるのか

佐藤　表現者の教育という点からみると、現在の学校は、ぎすぎすした状況に子どもも教師も押し込めているといわざるをえないですね。たとえば、中学校で教師が精神的に疲弊してしまう教科の第一位が音楽、第二位が美術といわれていますし、授業の妨害とか逃走がいちばん多い教科は、やはり音楽と美術です。これは、芸術教育の危機が自我の危機と結びついていることを示していますが、逆にいえば、音楽や美術への渇望は、一人ひとりの自分探しの根源的欲求に根ざしていて、そこに表現者の教育の可能性もあると思います。

しかし、学校においては、学習指導要領を中心とする制度の面でも、教師のいだいている常識の面でも、子ども一人ひとりが表現者として育つことを抑圧している問題があります。とくに、戦後の芸術教育では「自己表現」とか「情操教育」という「人間主義」が支配していて、「自己実現」としての「創造力」が追求されてきたわけです。しかし、芸術はそんな狭いいとなみでもなければ、観念的ないとなみでもないですよね。もっと、私たちが日々生きている生活と深いところでつながっているいとなみだと思うんです。

この「創造力」ということばの意味ですが、一年まえ、アメリカのテレビ・プロデューサーが、「日本の教育と創造性」というテーマで、谷川俊太郎さんと大岡信さんとぼくにインタビューをしたんですね。最初の質問は「あなたにとって創造力とはなんですか」でした。谷川さんは「飽きる力」とぱっと答えられたんです。世の中には音楽や美術が氾濫し、テレビはことばと物語を溢れさせている。それらにうんざりする力、飽きする力だといわれるんですね。つぎに、インタビュアーが「学びとは何ですか」と聞いたんです。谷川さんは、すかさず「模倣」と答えられ、「真似《まね》ぶ」という大和ことばを説明された。インタビュアーが驚いて「模倣と創造とは対極ではないか」と質問したのに対して、谷川さんは「素晴らしいものは何度模倣したって飽きないでしょう。モーツァルトは数えきれないほど演奏されてきたけれど、いまだに飽きないじゃないですか」とおっしゃったんですね。そして、大岡さんは「創造力とは何か」という問いに、「他者のなかに潜んでいるアイディア」とおっしゃった。連歌の伝統をお話しになり、つぎからつぎへと他者性を獲得する過程で創造性が生まれるという、日本の伝統をお話しになったんです。ぼくは、「創造力とは何か」に「日常性への新たな気づき」と答えて、「アメリカと日本の創造力の教育の違い」という質問に対して、アメリカの教室では絵を描かせるとき、子どもを一人にして内的なイメージを触発する環境を準備する指導がなされるのに対して、日本の教室だと、お互いのイメージを交換しあう指導が重視されるという、二つの国の芸術教育の文化差について話したんですけど。

三善　創造力と表現との関係ですけれど、創造力があるからそこから表現が生まれるという図式で考えると、表現ということがひじょうに狭い固定された観念でくくられてしまう気がするんですね。なにか創造物をつくった、そのもとに創造力という特殊な一つの能力があるという措定につながっていってしまって、「創造力→表現」という図式のなかにみんなが堅苦しく入りこんでしまう。子どもとつきあうときにも、「子どもたちの創造力を伸ばそう。そのためにはこういう表現に向かわせよう」と、そういう手立てだけが教育の方法論にたちまち移しかえられてしまうと思うんです。

だけど、自分が子どものときのことを思いだしても、こんなに長い時間、よく同じことをくり返してやれるなあと思うほど、同じことをくり返しているんですね。たとえば、暖かい季節には木の下にアリが出てくる。それを永遠に見ているという感じで見ていました。アリというのは同じ道を行ったり来たりしているでしょう。どのアリがどうということはわからないんだけれども、その一つひとつの動きを身じろぎもしないで見ている。その子どもはけっして表現していないんだけれども、子どものなかになにごとかが起こっているんですね。なにかが生まれている。

谷川さんがいわれた「飽きる力」が創造力だということ、それから、学びというのは「模倣」であって、「素晴らしいものはどんなにまねしても飽きない」といわれたこと、それはまったくそうなんだと思います。おそらく私と同じことをおっしゃっているんじゃないかと思うんだけれども、たとえば、マルならマル、弧なら弧を何回でもくり返し描く。同じ弧なんだけれども、描くたびにそれは変わった命を交わしあっているような気がするんです。しかし、「正しい円を描く練習をしましょう」といわれたら、五分で飽きてしまう。

私は、創造力というものを、それ自体がなにものにも支えられずに天体のように浮いているものとは思わないですね。創造力というのは、日常と日常の蔭にかくれている非日常とのあいだにたゆたっている生きている時間、毎瞬のなかに、ある種の働きのようなものとしてある。実体というよりも心の動作のようなものとしてあると思うんです。表現というものも、じっとアリを見ている子どもの心のなかにすでに兆している、というふうに考える。他者にわかるかたちによって示すことだけが表現だと考えてしまうと、表現物をこしらえることだけが表に出てきてしまうでしょう。

生活そのものと、息をのむ時間のすごさ、飽きずにくり返している生きる力、そういったもののたたずまいのなかに、表現教育とか創造力の涵養《かんよう》といった「お題目」を解体していく。そうする勇気を先生がたにもっていただければ、先生たち自身が解放され、肩の力を抜いていただけるのではないかという気がします。

佐藤 毎日毎日のくり返しというのは、子どものもっているすごい力だと思いますね。娘が三歳ぐらいのとき、細密画のような絵本が好きで、何度も読んでやっているうちに暗唱して、日によっては何十回もくり返し、くり返し眺めているんですね。それが二か月も三か月も続くんです。どうして同じ絵本をあんなにくり返し見ているのかと思うんだけれども、聞いてみると、一回一回、新しいことを想像しているし発見しているんですね。毎回、新しい気づきがあるんです。

三善 子どものとき、病気で半年ぐらい寝ていたことがあるんですが、だんだん意識がはっきりしてきて、毎日のように「昔むかし、アラジンという男がいました。兄さんはカシムといって……」と始まる物語を聞いていたんですよ。アラジンやカシムの着ている洋服とか、光とか匂いとか、そういったものがだんだんできてくるんです。しかもきのうと違った様子で生きてくる。物語のなかに自分が入りこみ、それを創りはじめるんですね。

教育の素材ということを考えたときに、ある理解とかある感動を、大人や先生が、一つの基準や型や路線、あるいは体系的な手順のなかで判断したり評価したりしてしまうと、その連続や対象へのにじみ込みが止められてしまう、凝固剤で固められてしまう、という感じもありますね。

そういう対象物へ子どもが浸透していくことによって、無駄とか分裂とか誤りとか、組み立て不可能な世界に踏み迷っていってしまうのではないかという恐れとか、そういうものが教育者のほうにリアクションとして返ってきてしまう。そうすると、大人が子どもを見失ってしまう。あるいは、見失うまいとして綱をつけるということが、日常ありそうな気がします。

私の恩師の池内友次郎先生は、高浜虚子さんの息子で作曲家になられたんですが、子どものときにお能を習わされたんですね。歩き方を半年ぐらいやらされたそうです。師匠が腰のところに手を当てて、スーッと進ませるんだそうですね。それを何回もやると、やがて、自分が歩いているのではなくて、廊下のほうが自分の後ろに行くような気がしてくる。それがだんだん味わえるようになってくるといいます。よくいわれるとおり、「学ぶ」ことは「真似《まね》ぶ」ことで、型を学ぶというのは形式的に考えてしまうとつまらないことのようだけれども、しかし、その真の意味は、人間の生きることにつながっているのではないかという気がしますね。

松岡　日本の芸事の稽古は、最初はあまりことばで「ここをどうしろ、こうしろ」といわないで、何回も何回もくり返すなかでからだでつかまえたものが、からだのなかで熟成するのを待つんですね。そして、そうした感覚がある程度、全身体的に熟成してきたときに、師匠がやっと何か認める。そういうところがひじょうにのろくて、上からいわれたことをそのままなぞっている、なんだか封建的な世界だといわれていますが、人間の生き方そのものを考えるときに、そのようなかたちでないと全世界を全身体で受けとめる関係はつかまえられないのではないか。そういう意味からすると、芸の伝承の世界のなかにも、これからわれわれが考えていかなければいけないものがあるのではないか、という気がします。

三善　ええ、いまの私の恩師の場合でいうと、「自分が動くのではなくて廊下のほうが動いていく」というふうに世界が変わるわけですね。そのことによって本人が変わる。さっきいったアリを見つめている子どもの場合は、アリをとおして宇宙とか地球との対話が始まっていて、たとえば、秋になって木の葉が落ちるときに、夏のアリの体験が世界との語らいの窓を開いてくれる、そういうことにつながるんじゃないかという感じもします。

そういうのは、大人からみるとある種の飛躍に思われる。アリの学習から枯れ葉の学習という筋道は、教育の方法論で考えるとなかなかわかりにくいけれど、しかし、すでにそういったものは準備されている。もしかすると、地面を見つめている子どものなかには、出口というか抜け道というか、そういうものが根っこのように拡がっているのではないか。その根っこの一本一本がどんなところに触れようとするかということは、なかなか見えにくいけれど。

松岡　三善さんがおっしゃった、能の歩き方の稽古を反復したとき、廊下のほうが後ろに行くような感覚が起こるというのは、ひじょうにおもしろいですね。自分の舞っている姿が、自分と観客とがいっしょになった目で後ろからとらえ返される。そういう事態を世阿弥は「離見《りけん》の見《けん》」といっているんです。そういうレベルに入ったときにはじめて、身体と宇宙が通底している感覚が得られて、そこではじめて、なにもない能の空間に宇宙のすべてが実現してくる。そういう芸術が現成《げんじょう》してくる。

三善　でしょうね。

松岡　そういう芸術を現成させるためには、ほとんど砂を積む作業のような全身体的なかかわりがないといけない。さっき、アリを見ている子どもがいろんなところへ通じあっているとおっしゃったのは、能の場合と同じようなことがあるんじゃないかという気がするんです。

脆《もろ》さという可能性をささえる

佐藤 世界と身体が通暁する境地のようなものが子どもにはありますね。でも、一般に創造力というと、人の内部に実体的な力があって、それが芸術として爆発するという感じで語られるでしょう(笑い)。だから教師は、一所懸命に動機づけて、歌うときは元気よく歌わないといけないし、絵を描くときは「よく見て!」と意気込みをかける感じになりますね。そういう芸術教育に、ぼくはずっと疑問をいだいてきたんです。

ぼくも絵に夢中になったときってあるんです。音に夢中になったときもある。ふり返ってみると、そういうときはいつも病気だったという感じがするんです。つまり脆《もろ》くて弱いときなんですね。ぼくは小学校低学年のとき、突発的な高熱やてんかんを起こして危険だったので、いつも学校を休まされ、家の狭い庭で過ごしていたんですが、蠟石《ろうせき》で毎日毎日、コンクリートに絵を描いていました。アリを見つめることと同じだと思うんですが、何かを描いたわけではないんです。自分のなかにある何かを描いているんだけど、それがなんだかわからないまま、いつもいつも描きつづけていた。

高校時代に登校拒否になったときは、くる日もくる日も、FMラジオで音楽を聴いていました。レコードもくり返し、くり返し、スコアを覚えるほど聴いていて、一時はラジオでクラシック音楽が流れると、どの指揮者でどのオーケストラかがパッとわかるぐらいでした。そういうときの自分はすごく脆くて、その自分の脆さと向きあっていた感じもするんです。学校の芸術教育にいたたまれなさを覚えたのは、その脆さが許されないという感じがしましてね。

三善　そうなんです。

松岡　世阿弥も若さに溢れていた時期には、宇宙的な能なんておそらく考えなかったろうと思うんです。四十過ぎてからだが衰えてきて、自分の脆さに向きあうようになって、身体を機能的にだけ使うのではない、宇宙と通底するようなべつのからだのあり方みたいなものを見出したんでしょうね。それは一種のパトス性とも呼ぶべきものから出てきたのではないかという気がしますね。

三善　それを教師の側が気にするのは、そこに現実逃避とか、そういう姿を当てはめてしまうからでしょうね。だけどそれは、「現実」ということばを限定していることであって、子ども本人にとっては、「脆さゆえに感じないわけにいかない現実」というものがある。外的な秩序の世界のなかで現実を組み立てて、その整合性のなかで教育を運んでいこうとすると、そういうものはマイナーなものとして排除されるけれども、本当をいうと芸術表現というのは、いわば負とされている世界と外的な現実との間《はざま》を見つめてしまったときの、ドキドキとか恐れとか不安とか、そういったものが人間をつき動かすところから志向されるものではないかという気すらします。

音楽の教育に話を戻すと、なにか楽器の音が出るということは、みんなに聞こえる音を出すんだからそれ自体いいことだ、というふうにプラス指向にだけ考えられるけれども、沈黙している楽器に手を触れたり息を吹きこんだりしたときに音が出るという、そのこと自体が相当怖いことなので、本当は音が出たことにびっくりするわけですね。できあがった楽器であれ、ピアノのようなメカニックな楽器であれ、自分の手が触れたときにそこから音が立ち上がってきてしまう、ある種の世界の秘密につながるものに自分が手を触れてしまう「びっくり」というのがあるはずなんだけど、どうも音楽の先生は、ラという鍵盤を押すとラという音が出る、というところから始めてしまうものだから(笑い)。

松岡 ただ現実問題として、いま学校教育のなかで「息をのむ」時間というのがあるかどうか。学校を「息をのむ」時間を許すような場所として別に考えていけるのかという、根本的な問題になりますね。

佐藤 いまの学校の制約は語るときりがないのですが、学校には可能性がないかというと、そうは思いませんね。その可能性が教師たちに自覚されているかどうかは別の問題だけれども……。

先ほどから出ている負とされている世界や人間の脆さという問題は、小学校の低学年でもあるけれども、中学生とか高校生になると、はっきりと出てきますね。生徒たちが固唾《かたず》をのんだり、生徒の息づかいのようなものが時間とか空間をつくっていて、そういう場に身を置いたときに自分のなかに起こるなにものかを大切にしている授業の場面は、ぼくも、いくつかの学校で見てきたんです。

たとえば、ある高校の美術の授業なんですが、少しひょうきんな若い女の先生が、自分自身、作業服で夢中になって彫塑を創っているんです。その周りで生徒のみんなも彫塑を創っている。教室が、まるで一つの工房だしアトリエになっているんですね。もっというと、職人の空気と場が教室に出現している。しかも、何時間でこの作品をというのではなくて「気に入るまでつくってみよう」ということだから、時間もゆったりと流れている。ああ、こういう芸術教育もあるんだと思いました。その先生は教育者であるまえに、教室でも表現者としての自分の息づかいをうんと大切にしているんですね。

外から見るとなにも動いていないように見える思春期・青年期の生徒が、その内部では激しい揺らぎを経験しているわけでしょう。そこから溢れてくる表現が、表現者として生きる時間と空間とかかわりさえ準備されれば、自然と生まれてくるということは信じていいのではないかと思いました。

松岡　同じような事例が『「わざ」から知る』(生田久美子著、東京大学出版会)のなかの佐伯《さえき》胖《ゆたか》さんの補稿にもありました。「知恵遅れ」の子どもに文字を教えようとして、先生が何回も叩き込むように教えようとしてもぜんぜん反応を示さなかったのが、ある日、先生自身が一心に書きものかなにかしていたら、そこにその子が来て「×」を書きはじめて、それから一週間ぐらいして文字が書けるようになったというんです。表現者として育つのに本当にインパクトになるのは、教師自身の表現者としての後ろ姿であって、そういう姿を学ぶ、真似ぶのだと思いますね。

佐藤　それが様式という型の意味の一つなんでしょうね。表現者としての「居方」ということですが、そういう時間や空間を教師がつくっているわけです。

さきほどとまた別の高校の事例なんですが、やはり若い音楽の先生の授業で、一人、最後までずっと歌わない男の子がいたんですね。その生徒はみんなが歌っているときも隣とペチャクチャしゃべっていたり、ときどき思い詰めた睨《にら》むような目つきをしているんですけど、絶対に口を開かないんです。ところが、彼は、ロックバンドの〝X〟の曲を自分なりにアナリーゼ(作品分析)していまして、授業が終わるとその譜面を先生のところへ持ってくるわけですね。彼女はそれを見て、「あ、ここ、おもしろいね」とか話をしているんです。そのつぎの週の授業でも、彼はぜんぜん歌わない。ひたすら授業が終わるのを待っているわけね(笑い)。

ところが、彼の求める音は変わるんです。ロックのつぎはパレストリーナになる。授業でパレストリーナの曲の合唱をして、そのときも彼は歌わなかったのだけれども、「これは!」と思ったんでしょうね。自分なりにパレストリーナの曲をアナリーゼし、編曲した譜面をうれしそうに持ってくる。その先生との数分間が彼にとって大切なのね。そのことをその若い音楽の教師はよく知っているんです。あとから話を聞くと、パレストリーナからバッハに移り、ジャズに移り、とてもおもしろい変化をするというんですね。

つまり、彼が歌わないのは、「自分の音ではない」という激しい拒否だったわけです。だから、その一方で彼は自分の音探しを激しくしているんですね。そういう両面をその教師が見ている。そのことにぼくはいたく感動しました。三善さんがおっしゃる心のなかに動いている表現の兆し、歌うまえにある音、そういう世界はどの子にもあるし、この教師はその兆しとしての音を彼のなかに聴いていたんだと思うんですね。

三善　みんなで合唱するということは、その子にとっては自分には縁のないことなんでしょうね。そこで教師から歌わされるということは、自分とは関係のないことを無理やりさせられるということでしかない。それより、子ども自身のなかで鳴っているもっと豊かな音を、先生が聴きとるというところが素晴らしいですね。そういうのを、授業という枠づけられた時間と空間のなかでどこまで聴きわけられるか……。

佐藤 音にならない音とか、自分の存在をたしかめたい音というのは、中学生や高校生たちはずいぶんもっています。これも高校の教室ですが、音楽の授業の最初の十五分間に、一人ずつ自分の「好きな歌や曲」をカセットで持ちこむんです。そうすると、ロック、ニューミュージック、ジャズ、クラシック、ラテン、民族音楽、日本の民謡とか、いろいろと出てきます。そして、「みんな聴いてよ。これのここが好きなんだ」と照れくさそうに話すんです。それを聞いてみると、子どもたちはかならず、ある個人的な経験とともにその音との出会いも経験していて、好きな歌や曲の語りをとおして、自分の経験が語られるわけですね。

そうすると、音楽は抽象的なものではないことがひじょうによくわかる。一人ひとりのなかの、ある音楽が好きになる基礎、さきほど三善さんのお話にあった、世界と自分をつなぐ糸のようなものが具体的にある。それが語りと曲をとおして見えてきて、これは素晴らしい教育だと思ったんです。

松岡 それはどういう学校でなされているんですか。

佐藤 公立の普通科の高校でした。

松岡 どうも音楽教室のイメージというと、バッハとヘンデルの絵があって、こっち側にモーツァルトとベートーベンの絵があってという……(笑い)。

孤独と存在の秘密に触れる瞬間

佐藤　しかし、こういう事例は可能性を探っている教室で起こっていることであって、いちばん問題にされなければいけないのは、音楽の授業でたくさんの子どもたちが傷ついている、そのことを教師たちがあまり理解していないことですよね。さっき、創造力の源を人間の脆さから考えていきたいといったのは、そのことなんです。音楽や美術が子どもたちに拒否されてしまうのは、日常の生活ではいちばん触れられていない部分をあからさまにせざるをえない。そういう厳しい世界に立ちあっているからだと思うんです。とくに音楽教育の傷は深いですね。傷つきやすさを抱えこんだ教科だということを、もっともっと教師は認識しなければいけないと思うんです。

三善　ある種の秘密にいちばん近いところにあるんですね。それをかりそめの約束のかたちで外に出すことがものすごく怖い。「こういう具合に歌ってごらん」といわれても、歌うのは本人ですからね。それはかなり秘密の部分から出てくるわけです。

声の出し方ひとつだって、自分のからだの癖や体型といったことから心のひだまで、全部からまっているわけでしょう。それなのに授業では、ある規格の技術の型として表現しなくてはいけない。さっきいった能の型とはまったく逆の規範のなかに秘密をさらけだすということになりますね。逆にいうと、秘密だからこそ出したい声というのが自分のなかで絶えず求められていて、それはすぐさま答えが出るわけではないからこそ、口を閉ざしている。自分のなかで秘密を生産しようとする未知の価値をいつでも予感していて、だからこそ「まだわからない」ところを懸命になぞっているわけです。

いま佐藤さんがお話しになった最後の高校の例で、自分が好きな歌を友だちにも聴いてもらおうという、そういう空気や仲間との協同性と人間の編み目、それらはけっして音楽の時間だけでつくられたものではないだろうと思うんです。教室という連続体のなかに、仲間同士で紡いでいる日常的な時間の連続があって、そのなかで一人ひとりがすべての仲間を知っていて、「自分のなかに仲間がいる」ということをリアルに感じている。だから、「やっぱりあいつはあれが好きなのか。そうか」と、背後の文脈までわかりあえる関係がある。それは、一人の生徒にとっては「異化」の体験です。

人間を動物の群にたとえてはいけないかもしれませんが、たとえばオオカミの群では、「この子どもオオカミの、この鳴き声のこういうイントネーションは何をいっているか」を群全体が知っている。そのなかで個体のメッセージの意味づけが育まれていくし、それをみんながそれぞれつくり続けているという。そういう異化を内在させた同化の過程を、音楽の授業という固定された場で切りとって、その断面だけを分析してしまうと、変化する連続体がみえてこないと思うんですね。

笑みとか挨拶とかかけ声とか喧嘩とか、絶交状態に入るとかという人間関係の振幅のなかで、たんなるコードとしての言葉ではない、範例(パラダイム)としての表象が生まれてくる。そこに人間が音楽をすることにつながる意味があるんだろうと思うんです。あるいは人間が音楽に託す意味がある。それは、ほんとうは孤独な作業なんだけれども、完全に他者から隔絶された個の作業ではなくて、音をとおして自分が何かを見つけようとすることそれじたいが、見えないところで他者とつながっている。そのことを一人ひとりが信じていると思うんです。

佐藤　ぼくはその高校生たちの「自分の好きな歌」を聴いていて、いままでの学校教育では、実際にぼくらが生きている世界と別なところに音楽があって、その音楽を鑑賞させられてきたような気がしたんです。だけど、その生徒たちが「聴いてくれ」という音のなかにはかならずそれを愛している個別の顔をもった人間がいて、その人はこういうところでその音を大切にしているという「たしからしさ」を感じましたね。

これだけ音楽が普及しているなかで、音楽教育に求められるのは聴く教育だと思うんです。音を聴いて自分の音を探るという行為は、三善さんがおっしゃったように、だれかとつながっている、あるいは、だれかと共鳴しあえるものを探っている行為ですよね。

ぼく自身の経験でいうと、もう十五年ほど昔のことですが、哀しみのどん底で一年近くだれとも会わないで自分を癒していた時期があって、そのときいつも聴いていた曲がモーツァルトの「ロンド・イ短調」でした。毎日のように何度も何度も聴いて、自分でもたどたどしくピアノで弾いてみたりしていたんです。その数年後、谷川俊太郎さんが出された「ビデオ・サンプラー（無言歌）」を視聴したら、植物人間になられたお母さんをズームアップしたり引いたりしながら、そのバックに高橋悠治の弾く「ロンド・イ短調」が流れるんです。それを聴いたとき、それまで凍っていた感情が溶解してドッと泣いたんです。ことばにならない哀しみが溢れてきて、そういうふうにあの曲を愛していた人がここにもいて、そういうふうに弾いている人もそこにいると知ったとき、自分の哀しみとはじめて向きあえたんですね。

たぶん、絵を描く人も同じような思いだと思うんです。一つの線を発見することのなかに、孤独でありながら孤独をとおして人とつながれる何かを探っている。それはおそらく、言語のコードにはのらない絆だと思うんです。言語のコードにのらないところでの世界とのつながりというのが、たぶんいちばん大切なものではないかと思います。

三善　小学校の五年か六年のとき、いまでも覚えていますけど、昔の洋間（応接間といっていましたが）のソファの上で、当時のことですからSP盤でベートーベンのヴァイオリン・コンチェルトを聴いていて、テーマの半休止でバスのゼクエンツが出てきたところで（左譜面）、ぼくは跳びあがって、へんな話だけどオシッコをもらしたんです。

怖くなったんですね。ベートーベンの曲をピアノでは弾いていたけれども、ずっと昔に生きた「楽聖ベー

トーベン」といわれる人が、この世の中に残したある種の秘密のメッセージを、ぼくみたいな子どもが聴きとってしまった。そのことが怖い。「いいのかしら」という気持ちでした。昔、だれかが書いたメッセージが、自分のからだのなかにバーッと入ってきてしまった。さあ、どうしようという気持ちですね。

学校の鑑賞の時間で、「トランペットの音を聴きとりましょう」「主題が聴こえましたか」というふうなことになると、少しも怖くない(笑い)。

佐藤 それに、合唱の伴奏でも、教師は子どもの表現を引きだそうとして、はじめから行進曲みたいにガンガン鳴らして引っぱっていくでしょう。そういう弾き方ではなくて、子どもたちが歌いだすまえにイメージしている音を聴くかたちで、伴奏がそっと弾かれたらどうなるか、絵を描くときに「よく見てごらん」というまえに、子どもがハッとしている時間をいっしょに生きようとするスタンスに教師が立ったらどうなるか、ということがありますよね。

表現の「技術」を教えるということ

佐藤 もう一つ、表現の衝迫《しょうはく》とか衝動を解放するという考え方が、芸術教育のなかに根強くあります。たしかに表出(expression)は表出として大切なんだけれども、同時に、芸術における表現(representation)は、ある種の抑制だし構成でもあるわけで、そこには技とか型という問題がある。ぼくは、芸術の教育は、むしろ技を媒介にしながら感情を抑制していくということを、もういちど大切にする必要があるんじゃないかと思うんです。だけど、絵の教育では「自由な表現」ということで技術的指導は行なわないという乱暴な教育がまかりとおっていますし、音楽のほうは、逆に、どうしても意識がテクニックの巧拙のほうに向いてしまっている。ピアノなんか、スキルとテクニックの過剰になっていますでしょう。あれは日本的な現象なんでしょう。

三善 ようするに、「なぜ」というのがもとにない技術が、体系的・整合的に、あるいは価値の基準としてできてしまっていて、しかも、それはすごく狭いんですね。

私の学校の作曲科にアメリカのお嬢さんが来ていて、「こうやりたいから、こういう曲をつくった」といって、自分でバリバリ弾くわけですよ。その楽譜は、和声とか対位法という見地でみると穴だらけで、メチャクチャといってもいいかもしれない。しかし彼女には、黒人の詩人の書いた詩集とかいろんな詩集に触発されて、そういう具合に音をつくらざるをえない、という生きた「なぜ」があるんです。ですからそこには、いろいろきっちり学んできた日本の学生たちには想像もできないような息づきと、彼女でなければ書けない音楽があるわけです。なぜ、その音が必要なのかということが、すごくよくわかるんですね。「いかに」とか技術とかいうことは、そこから考えるべきでしょう。「こう言いたいならば、こういうことがありうる」という、それが勉強になるんだろうと思うんですね。まず、こういうメチャクチャなものがある。それは、あるマルのなかに収まらない、それをどういう具合に一つの自然《じねん》なかたちにしていくのか、それが彼女の場合の勉強になるのだろうと思うんです。

もう一人、ノルウェーから来た中年の作曲家がいて、向こうではもう多少エスタブリッシュされている人でした。日本に一年いて、ずっと現代音楽を聴いていて、そのあいだに彼はだんだん元気がなくなってきたんです。どうしてかと聞いたら、こういうふうにいっていました。日本の作曲家の作品にすごく感心したけれど、ほんとのことをいうと、彼らが「なぜ」書くのかがわからない。自分たちは日本の作曲家のように器用に精緻には書けないけれど、私たちが書くのは、書かなければならない祈りがあるからだ。音を書くということはアサンシオン(昇天)で、少しでも天に近づきたいからだ。その気持ちがもとにあるから音楽を書く。それが日本の作品には感じられない。「なぜ」が感じられない、と。

日本の技術教育というのは、人間とはかかわりなしにフィルターで掬《すく》われた仕組みみたいなもので、いかに操作のテクニックを学んでいくか、になってしまっているんですね。

子どもたちが歌うとき、小声で歌いたい子、あるところだけでっかい声で叫びたい子といろいろあって当然だし、それでいいと思う。なぜ小声で歌いたいのか、そうだったら、その小声の歌い方はこういう具合にしたらどうか、というような示唆はいくらでも与えるべきだと思うけれど、もとのところを根なしにして技術を持ちこんではいけないと思いますね。

私たちの学校の生徒たちは専門家になろうとして勉強しているんですけれど、彼らの多くは「この曲をやる」となると、その曲のレコードを聴くわけですね。そこから勉強を始め、いろいろな演奏を聴いて「あ、このやり方で」というのをつかむ。でもそれでは、どんなにうまくやったってそれのコピーができるだけですね。そうではなくて、自分がその楽譜のなかに求め、聴きとった作曲家のメッセージを自分の肉声で、いま、ここにいる人に伝えたいと思う、そこから技術(練習)は始まるはずだと思うんですよ。

ついこのあいだ、遠山一行さん(音楽評論家)から聞いた話ですが、遠山さんが楽器店にいたら、ある学生がバックハウスだったかギーゼキングだったかのCDを返しにきたんですって。だれかのと取り替えてくれと。遠山さんが「なぜ?」って聞いたら、「だって下手なんですもの」(笑い)。遠山さんは思わず、「じゃ、ぼくそれ買うよ」と買っちゃった(笑い)。

佐藤　ありそうな話ですね。

三善　聴きとることの意味が、結局は表現することの意味につながるんだけれど、それがなくなってしまった。

松岡　いま、私などがかかわっている芸の分野での教育は、本当はもっと全身的な型の教育であるはずなんですが、それと、西洋から入ってきた、音楽でいえばひじょうに体系的に教えていく技術教育とが変なかたちでミックスして、技術だけが先行して教えられ、表面的な模倣が幅をきかして、身体的熟成という面が忘れられている、そういう状況が日本の特殊な事情としてあるのではないかという気がしますね。

佐藤　三善さんのお話のように、芸術表現における技術は、システムであると同時に、全身が世界と出会うときの複雑で曖昧なものをどうかたどっていくかという、「身の技」とも呼ぶべきものだろうと思うんです。ぼくもいくつか楽器に親しんだ経験があるんですが、技術で弾こうとするとぜんぜんだめなんです。ここをこうして、こうしてと、分析して考えるとまったくだめで、挫折してしまったんだけれども、全身的な身の技と考えると、むずかしいパッセージが一つの流れのなかにはまるということがあるでしょう。

技術とか型を身の技ととらえる伝統芸能の伝統がありますね。型の伝承というとどうしても保存として静的に考えがちなんだけれど、身の技はそれじたいすごく主体化されたものだし、形式的な模倣で能が何百年も伝承されたとは、とても思えない。もっと激しい型との抗《あらが》いをとおしてだと思うんですよ。

松岡 そう思いますね。

佐藤 一般にいわれる伝統とか伝承のイメージは平板すぎる気がしますね。型を受け継げばそれで芸事が伝承されるなんて、そんなことはけっしてないと思うんです。

松岡 具体的にいうと、民俗芸能などで、身体の動かし方や言い方の型だけが残っていて、その残骸を観光資源にしているものもありますね。そういうものと、能のように六百年の時代を生きしのいで現在の芸術としてあるものとは、型の伝承のところに大きな違いがあると思います。ある型が型として移しかえられるのは縮小再生産でしかないわけです。型を移す側と移される側とのコンフリクト、その闘いの連続がないと、いきいきとしたものとして六百年間続くということはありえないと思うんです。

いずれにしても、型がそのまま伝承されることはありえないと思うのですよ。その音の高さでは弟子には歌えない。そうすると、弟子のほうは師匠の教えを全体的に引きうけるんだけれども、どこかで自分なりに変えていく。そこでは、師のコピーたりえない何かが、受ける弟子の側のほうで主体的に起こるわけですね。それを勝手に起こしてしまうと、師匠が「それはだめだ」というでしょうけれども、そこになんらかの工夫があって、あるいは無意識の場合もあるだろうけど、弟子の個性が出てきてはじめて伝承が行なわれるわけですね。だから、型というのは変化することではじめて師匠から弟子へ受け渡されるしかないと思うんです。型の伝承には、つねに不易と流行という両面があるわけです。

三善 私もそう思いますね。芸の洗練ということは、やはり個性化だと思うんですよ。その個性化を一人ひとりの人間の洗練において許すことのできるのが型というもので、それは言語体系のラングと個人のパロールの関係だという感じがしますね。固有こそが共有されるはずなのですね。

佐藤 カザルスのレッスンを受けたチェリストが、カザルスの教え方を回顧して話している記録を読んだことがあります。そのチェリストがカザルスのところへ行ったら、バッハの無伴奏組曲の第一番をカザルスのとおりに弾け、といわれた。カザルスはボーイング(運弓)もフィンガーリング(運指)も独特な人でしたが、それを全部まねなければいけない。彼は「自分は一人前のチェリストだから、自分の弾き方をレッスンしてくれ」といったら、カザルスは「いや、おれのをやれ」という。「あなたのコピーになるだけじゃないですか」といったら、カザルスは「おれはもう五年もすればくたばる。そのつぎはおまえの時代だ」(笑い)という。カザルスはそれから二十年以上も生きたんですがね(笑い)。

それでおしまいかと思ったら、つぎには、まったく違うフィンガーリングとボーイングでまた模倣させるんです。「あなたのレコード演奏はさきほどの弾き方じゃないですか」といったら、「いや、これもまたこれでいいんだ」といってまねさせる。それでレッスンが終わったと思ったら、カザルスは「さあレッスンを始めよう、君の弾き方を聴かせてくれ」といったんですって。そのチェリストは「これがアーティストリー(技芸)の教育だ」と語っていましたが、ぼくもすごく感動しました。

さっき松岡さんもおっしゃったように、個性化はある型をとおして開かれるのであって、型をくぐらない個性化というのはありえない。それが文化だし芸術だと思いますね。

松岡 そして、その個性化を急ぎすぎてはいけないですよね。個性化には、熟成を待たなければいけない。その時間が芸の稽古の時間だと思うんです。

三善 自分探しと自己発見は、型の洗練においてもずっと続いていくものですよね。

松岡 そうですね。

三善 「私はこう弾きたい」「こう歌いたい」と無邪気にいってくれるのは、それはそれで素晴らしい。だけど、いまのカザルスのレッスンのように、こういう弾き方をまねて弾き、つぎに別のやり方をまねて弾くという体験を積ませることは、どうしても大事なことですね。いっとう最初に「自分はこう弾きたい」というものがあるかぎり、それは強制ではない。むしろ、すべてがいっとう最初に自分が弾きたかったところに戻ってきて、それを深めていくはずだし、あるいは、もっと迷わせたり悩ませたりしてくれると思います。

「自己表現」の呪縛を越える

佐藤 そう考えると、芸術教育を「自己表現」として語るのは、どこかうさん臭さを覚えてしまいます。「自己表現」の教育では、自己がまず実体としてあって、それを引きだそう、引きだそうとするわけでしょう。それがぼくにはすごく窮屈でした。いくら自己を実体として措定しても、それじたいは無だし虚無なわけでしょう。密室で自分のへそをいくら見つめてみてもね。

松岡 なにも出てこない。

佐藤 そう。しかし、その虚無と向きあうことで「自分崩し」が始まり、そこから外へと立ちあがると、そこに「自分探し」を渇望する表現が準備されてくる。だから、芸術教育は、「自分崩し」というひじょうに危険な挑戦を含みこまざるをえないし、危険な挑戦を含むからこそ、もう一つの可能性ものすごくもっているんだと思いますね。

三善 そう。それと、人間というのはある種のブラックホールを絶えずもっていて、自分がそのなかに入ってしまうともう出られない。しかも、そのなかには何もない。からっぽの引き出しのなかにいる、ということがありますね。どんなにいきいきしているように見えたって、人間というのはそういうものをもっている。とくに、十代はそういう時期ですね。マラルメもいっているようだけれど、その外に這いずりでることができれば、空洞としての自己から何かを紡ぎだすこともできるかもしれない。だけれど、「なかのベクトルが高くて充実しているから表現できないんだ」という、ある種の韜晦《とうかい》に陥りやすいんですね。「自分はなかでじっと熟成している。だからいま、ことばが出ないんだ」と自分の内的現実をすり変えてしまう。本当に「空虚な自己」のなかにいるときは、自分自身がその真空なのですから、外に向かってことばが出てこない。

ぼくも大学時代に、対人恐怖症になったことがあったんです。「対人恐怖症」ということばじたいがそらぞらしく聞こえるほど、他者との通路がない。でもそのときは自分をごまかし、「そのことを大事にする自分がいるんだ」という具合に考えたんです。なんとか自分の辻褄を合わせようと思って、「そのなかに価値があるんだ」と自分自身をブラックホール化することで保っている、そんな状態でしたね。フランスに留学しているときに、勇気をふるってお医者さんに相談にいったら、「なあんだ」と笑うんですよ。「あんたはおれと会いに来たじゃないの。それでいいよ。ここから外へ出て、キャフェにでも行って白葡萄酒でも飲んで、隣の人に話しかけてみろ」とね。

十歳ぐらいかなあ。小学校五年前後に、ふと自分が虚しく拡散したり、縮小したりしますね。それで外と釣りあいを図るのはつらいですよね。佐藤さんがおっしゃるように、「自己という実体があるんだ、それを引きだそう」なんて先生にいわれたら、とてもじゃないけど歌えない。

佐藤 芸術は具体的なものですよね。音楽でも美術でも、ことばにならない回路で世界に触れ、世界と自己をとり結び、存在をたしかめるいとなみだろうと思うんです。その回路はたしかに絆なんだけれども、脆いわけですよね。かたどっては崩れ、またかたどっては崩れていく。まさに三善さんがおっしゃるように円環運動だと思うんです。虚無である自分と虚無化している現実とを、どうやって存在するものとしてつないでいくかという運動ですね。学校のなかでいつもいつもそんな時間を生きることは不可能だし、多くは型の模倣とか練習に費やされるのだろうけれども、そういう世界と自己のあいだの円環運動が立ちあがる瞬間は、場所とか関係を準備しておけばかならず起こるとぼくは思うんです。

三善　ええ。

松岡　そういう瞬間を大切にするような教師側の心構えが大切ですね。

佐藤　いま・ここの一回性の出会いとか経験にもっと目を向けていく。芸術教育となると、どうしても「作品」で評価してしまうでしょう。作品を見ると「力がある」とか「すごい教育」と外からすぐわかるし、音楽だと「合唱を聴けば教師の力がわかる」といわれてしまう。教師からすると強迫的に作品へと目が向けられてしまいますね。でも、そういうことにあまりとらわれない教師に期待したいと思います。

松岡　目に見えない部分があるわけですね。さっき三善さんがおっしゃったように、ほんとうに深い関係の拡がりの世界がある。そこの部分にどれだけ降りていけるかということですね。

三善　最後には、一人ひとりが生きていくことに還元されなければいけないと思います。たとえば、合唱なら合唱という技術的な水準があって、それを個々に測る尺度があって、それを測る尺度で高く評価されることが最終目標になってしまう、というのでは……。よくできたというのは、それはそれでいいことなんだけれども、芸術の教育では、そこにいく過程とその経験を通じて一人ひとりのなかに生きていく力がどういう具合にふえてくるのか、そのことが大事ですよね。
ある子は傷ついているかもしれない。だけども、傷ついたことのなかでその子が何に心を寄せていったのか、そこが大事ですね。だから、「芸術教育の成果」とされるものを終着駅みたいに考えてもらうと困りますね。

佐藤 「芸術教育の成果」というならば、一人ひとりにその場で起こった事件、見えない事件を信じていいんじゃないか、と思います。

三善 その意味を、ね。

装置としての学校

建築を変えたら、何が起こる？

対談者
芦原太郎
鮎川 透

学校建築はいつから無機的になったのか

鮎川　小学校を設計するにあたって、自分自身の体験をふり返ってみたら、理科観察園とか、大きなフェニックスの木とか、そういう外の記憶だけで、校舎の記憶ってほとんどないんですよ。まあ、学校じたいがつまらなかったということもありますが。ですから、自分が学校建築を手がけるなら、あとあと子どもたちの記憶に残るものにしたいという思いが大前提としてありましたね。

それと、もうひとつ気になったのは、生活の場としての学校はどうあるべきかという点です。子どもは朝から夕方まで、とくにクラブ活動をしている子なんかは十時間近くも学校にいるんですね。となると、もはや学習の場というより生活の場でしょう。学校の先生と話しても、教えるにはどういう学校がいいかという話ばかりでつまらないんですが、私はむしろ、時間を過ごすという意味での生活の豊かさのほうが必要じゃないかと思います。

芦原 たしかに、中学・高校に比べ、小学校のあの六年間ってすごく長い。大人になれば、仕事の場はもちろん、ほかにもいろいろなネットワークが広がりますが、子どもの生活にとって小学校は大きな比重を占めていると思います。

宮城県白石市の「白石第二小学校」(一九九六年)を北山恒さん(建築家)と共同で設計したさいにも、おびただしい建築計画学的な研究データの蓄積を真剣に勉強しました。しかし、制度がこうでカリキュラムがこうだから、こうあるべきだというようなアプローチではなく、自分の経験、それに現役の子どもたちに「どんな小学校がいいの」と聞いていくことから始めて、ユーザー側の論理で進めていったんです。だいたい、子どもたちに意見を聞くと、こういうふうに学びたいなんて希望はひと言も出てこない(笑い)。休み時間をこういうふうに遊びたいとか、すぐ校庭に飛びだしたいとか、小川が流れてて、フナが泳いでいるといいとか、ジャンボすべり台がほしいとか……。そういう断片的な要望をくみあげながら、いかに子どもたちが楽しくのびのびと生活できる場にするか、それが第一のテーマでした。

佐藤 どの学校を訪問しても、その地域のもっとも中心に位置しながら、印象に残る建築はありませんね。明治六(一八七三)年に文部省が、箱型の教室を組みあわせた校舎のモデルプランを示して、それにのっとった建物がどんどん建っていったのが明治十二〜十三(一八七九〜一八八〇)年ごろですが、それまでの日本の学校建築を見ると、意匠を凝らした象徴的な洋風建築や、民家風の建築が各地につくられていたんです。ところがそれ以降、一挙に「虚飾」を排する方針がゆきわたり、象徴性を失った建物ばかりになってしまった。明治三十四(一九〇一)年には、教室の広さとか、廊下はどちら側につくるとかいった細かなルールもつくられ、ここでも「虚飾」を排するということが行なわれて、箱型に画一化していく。文部省の言い分は「質朴・堅牢」ということでした。戦後、木造建築からコンクリート建築に変わって、いっそう画一的な傾向が強まったと思います。

ぼくは日本の学校建築の問題は、基本的にこの無機性にあると思っているんですよ。彩りがない、場を生みだす仕掛けがない、謎めいたところがない、曖昧模糊《あいまいもこ》としたところがない。最近、オープン・スクールがはやっていますが、あれも基本的には機能主義的な建築で、無機的であることにはあまり変わりがないように見えます。今後はどうやって無機的なものから脱して、教師と子どもがともに棲まい、憩い、交わり、学びあう場所にするか、学校建築の課題はそれにつきると思います。

まちづくりのなかで学校をとらえなおす

芦原　さきほどの生活の場としての学校というのと同じく、白石第二小のスタートにおける大きなテーマが、まちづくり全体の動きのなかで小学校をつくるということでした。

地方の小学校というのはその地域にとってみれば、広い空地をもった貴重な敷地で、歩いていけるいい場所にあるんですね。そこには子どもだけでなく、父兄や近隣の大人たちがかかわっている。とくに地方の小学校だと、大人もみんなそこの卒業生だったりして、地縁でかたまっている。つまり、教育の場というだけにとどまらず、いわゆるコミュニティ・センターとして位置づけるには最適の場だし、実際、そういう機能を果たしてるんです。だったら立派な公民館を建てるより、むしろ小学校をそういう地域の施設としてうまくつくって活用していくほうがいいのではないか、ということです。

鮎川　学校というのはもともとは人口が集中した地域にあったんですが、都市化が進むなかで邪魔者にされて、郊外に出されてしまった時期があるんです。そうすると、コミュニティとの縁がだんだん薄くなって、昔は駅長さんと郵便局長さんと校長先生といえば町の名士だったのに、校長もだんだん名士ではなくなってしまう。そういう意味では、学校は多少、無理をしても地域のコミュニティ・センターたりうる中心に近い位置にもってくることが必要でしょうね。

じつは私がいま手がけている福岡県山田市の「下山田小学校」も、校区のはずれに用意された広い土地に移るはずだったんです。いろいろあって結局、町なかのいまの場所につくることになった。それは正解だと思います。大都市ではそう簡単にはいかないでしょうが。

芦原　白石市は人口四万二千人の、小さいけれど由緒ある町なんですが、町の中心からちょっと離れたところに新幹線がとおって、「白石蔵王」という駅が新しくできた。そこで、工場を誘致したりして、町がそちら方向に向かってだんだん伸びていっているというのが現状です。第一小学校というのは昔の町の中心部にあるんですが、設計をした第二小学校は、これから発展していく地域のほうにあるんです。たしかに、学校の立地と既存の町との関係というのは、町の発展とか人びととの生活に大きな影響をおよぼす問題です。

現在、小学校には校区というものがあって、子どもたちが徒歩で通える範囲という「縛り」がありますよね。この近隣住区が、まちづくりのうえでひとつの単位として有効な気がします。

佐藤　鮎川さんがおっしゃったような郊外移転の問題は、大規模な集合住宅が建ちはじめた地方都市特有の問題ではないでしょうか。もっと田舎だと、統廃合の問題が起こってますよね。学校がなくなるということは町が消えるということで、そういう意味からも、町の象徴としての学校は重要な存在です。明治の最初のころは、地域の人びとが学校に新聞を読みにいったり、さかんに集会を開いたりしていましたが、学校はいまでもパブリック・スペースとしての中心的な役割を潜在的にもっていると思います。阪神・淡路大震災のときにも結局、学校が避難所になり、コミュニティ・センターになりましたからね。

鮎川　小学校の校庭というのは、川や道と同じように、都市のなかで空を感じられる大きなスペース、ひとつのインフラです。統廃合のさいには、学校がそれまで担ってきた、都市のなかのオープン・スペースという役割をどう生かしていくかについても考えるべきですね。

塀があれば安全？ 門なしでは管理できない？

芦原 白石第二小の場合、塀はいっさいないんですよ。敷地がかなり広いので、塀があって校門がひとつだと、人によってはぐるぐる迂回して入らなきゃならない。それより、どこからでも出入りできるほうが、子どもものびのび過ごせると思うんです。塀というのは管理側の論理でできているもので、生活する子どもたちが望んでいるものではないでしょう。それに、コミュニティ・センターという役割を担うならなおさらのこと、塀なんていらない。

――ただし、とくに都市型の学校だと、だれか知らない人が入ってきて、子どもを連れていくという怖さがありますよね。「開かれた学校」といって塀をなくすことが現実問題としてうまくいっているのか。ぜひうかがっておきたいところです。

芦原 たしかに白石の場合は地方だから、そういう心配があまりなくて、唯一でたのは、校庭からボールがころころ道路までころがっていったら困るという話で、そのためにちょっと周囲に小さな植え込みをつくったりして解決しました。塀の問題はあくまで意識の問題だと思うんです。都市だからいる、田舎だからいらないという話ではない。ぼくは基本的には、塀は気休めだと思うんです。悪い人が本気で入ろうとしたら、塀なんかあったって入れるわけですから。少なくとも、黙って当然のごとく塀をつくるとか、塀があるから安心だと思うというのは、大きな誤りじゃないでしょうか。

鮎川　下山田小学校の場合も塀なしでスタートしていますが、まだその結論は出ていないんですよ。塀をつくりたくない理由はふたつあって、ひとつはやはりオープンにしたいという願望の表れです。いまおっしゃったように、一メートル二十センチていどのフェンスを立てたところで、防犯上は何の意味もないですから。

もうひとつ、裏返しの理由としては、山田市という町の問題とかかわりがあります。以前は炭鉱が栄えて、一時は四万人以上いた人口が、いまや一万二千人です。下山田小学校の生徒数も、ピークは二千四百人だったのが、いまはたった百六十人。同じ地区の中学校では、生徒がガラスを割るとか、いろんな問題をかかえているんです。学校が荒れるのは、地域そのものが活気をなくしているからなんですね。つまり、裏返しといったのは、そういう開かれた学校をつくることによって、多少トラブルはあっても、むしろ地域のなかに社会的なマナーや、ひいては地域に対する愛着が生まれてほしいと願う部分があるからです。とはいえ、たとえばバイクでダーッとグラウンドに乗りこんでくることはできないような仕掛け――ちょっとバンクをつくって、木を植えて、といった意思表示はしましょうというスタンスでやってますけれどね。

佐藤　塀や門というのは象徴的で、子どもたちの生活の流れを、空間的にも時間的にも日常から切ってしまうものだと思います。小学一年生が登校するところを見ると、門をくぐったとたんに、ぬけがらのようになって歩いていく子がいるでしょう。

鮎川　ああ、来ちゃった。

芦原　ここで違う身体だ。

佐藤　そう（笑い）。ひじょうにはっきりしています。ですから、もっと子どもが自分の身体のままで生きられるような、日常につながりながら日常を超える何かをもつような仕切り、つまり、地域と学校の生活が相互に循環できる仕切りをうまく考えてほしいですね。

芦原　いつぞや女子高校生が校門にガチャンと挟まれて圧死する事件がありましたが、あれこそ管理側の論理を象徴していますよね。学校もたんなる教育マシンではなく、昔のヨーロッパの教会のように、地域に対して公共性をもった場所とすれば、やはりガチャンではない方向に行くべきで、開かれたものであるべきなんです。学校も地域も、校門や塀がほんとうにいるかどうか、個々のケースで厳密に考えてもらいたいと思います。

鮎川　子どもは先生や文部省ではなく、地域が育てるんですよね。そのために今後は、空間としても意識の面でも、地域との連続性をもった学校づくりに腐心すべきでしょうね。

佐藤　いま、さかんにオープン、オープンといわれているけれど、むしろ学校建築の中心問題は、「求心性のないオープン」にしてしまっている点にあると思います。

芦原　いちばんヤバイのは、体育館の裏に連れこまれたといった場合ですよね（笑い）。体育館の裏というのはたぶん、その裏に塀があって、塀のまぎわまで体育館が迫っていて、あいだが細くて死角になってるから、やられちゃう。そういう体育館の裏みたいな場所をつくらない、むしろ塀をつくらないでオープンにしたほうが安全だという考え方もあるんですよ。

佐藤　逆に、いまの学校はどこもかしこも均一に明るく元気に、ということでつくられているんだけれども、一年中、明るく元気な子どもなんて、ほとんど病気だと思うんですね（笑い）。子どもだって、人間だから落ちこむこともあれば、ひとりになりたいこともある。子どもには陰の部分が必要なんです。子どもの動きを見ていると、小学生でも隅っこが好きです。だから、体育館の裏のように薄気味悪い、のっぺらとした陰ではなく、いろいろなもののなかに囲まれているような、たくさんの隅っこが用意してあるほうがいいと思うんです。

芦原　そうですね。あるていど管理された内部には、そういう隠れ家がいっぱいある。かたやオープンな公共的な場には、あまりそういうものはつくらないといったことでしょうね。

鮎川　下山田小学校には森をつくろうと思っているんです。入り口を入ったところにちょっとまとまった植えこみ、山をつくって、外からも職員室からも見えないくぼみみたいな場所を外につくろうかなと。ただ、木が育つまでに何年かかるかが問題ですが（笑い）。

学校の外観にシンボル性は必要か

――昔の子どもが描く小学校の絵といえば、かならず真ん中がちょっととがっていて、時計があって、といった絵でしたが、そういうシンボル性はいま、必要だと思いますか。

鮎川　私は必要だと思います。現在の多くの教育施設が、さきほど佐藤さんがいわれたようなモデルプランにしたがってつくられていますが、モデルプランとはシンボル性の排除からスタートしているわけですから。そういうものがつくられればつくられるほど、コミュニティとの関係も希薄になってくる。学校に対する子どもの求心性、地域の求心性を高めるためには、かたちに見えるものであるかどうかはべつとして、やはりシンボルが必要でしょうね。下山田小の場合は、そのシンボルを森でつくろうとしているわけです。それから、コミュニティ施設のシンボルと学校のシンボルという二本立てを考えています。それはランドマーク的な意味あいだけでなく、メンタルな意味でのシンボル性——外から見たときにも、中に入ったときにも感じられるような空間が必要だろうと思います。

芦原　時計塔があって二宮金次郎がいるというような、制度側から与えられたシンボルはもういらないと思うんですね。でも、子どもあるいは地域にとって、シンボルとして感じとることができるようなものがあれば、それはおおいにつくったほうがいい。ひとつの決まったシンボルというよりは、仲間うちではこれがシンボルになっているとか、ある時代の人たちのあいだではこれがシンボルだったというような、シンボルの選択肢をいっぱい用意しておいてあげることは大事だと思います。ただ、建築家が「これがシンボルなんだぞ」とあまり意識的にデザインしてつくっちゃうのは、やめていただきたい(笑い)。シンボルはおのずと出てくるものだという程度に考えておけばいいんじゃないでしょうか。

佐藤　象徴性にもいろいろな考え方があると思いますが、ぼくが日本の学校で実際に見たなかで、先例としていいと思うのは、象設計集団の「笠原小学校」(南埼玉郡宮代町)ですね。ひじょうに親しみやすいし、かつ強靱なものを感じます。ベコベコしていないし、たんなるノスタルジーではなく、地域的な広がりとしてのアジアの建物との連続性と、それに学校の未来志向も埋めこまれている。たぶんあれは、防風林が植えられたあの地域の暮らしとか、いろいろな地域性を、設計者の富田玲子さんなりに感じとってつくられたんだと思う。つまり、象徴性というのは建築家がもち込むのではなく、その学校や地域のなかにあるものを感じとって掘り起こしていく作業だと思うんです。

――ノスタルジーはシンボル性のひとつの要素といえるんでしょうか。

鮎川 保守的かもしれませんが、ぼくは伝承というのは重要な要素だと思いますよ。

芦原 だからといって、今度は日本中にノスタルジーをもった小学校をつくれという話ではない。白石第二小の場合は、じつはノスタルジーはないんです。なぜかというと、これから新しく発展していく学校ですから。ノスタルジーを感じるのは大人になった人ですよね。いつも小学校が昔のようであってほしいという気持ちもわかるんですが、その半面、そこから今後、新しいものを生みだしていくんだという希望・期待・夢みたいなものもある。だから、そのどちらかを学校や地域が選択していくことになるような気がしますね。それと、さきほどの地域性ということを考えると、いまは小学校であっても、三十年後には公共施設になっているかもしれないし、百年後にはオフィスになっているかもしれない。そのときオフィスに二宮金次郎はふさわしくないんですよね(笑い)。

白石第二小学校外観。学校全体が、パブリック棟と教室棟の二つのゾーンに分かれている。
職員室・給食室・図書室・体育館などはパブリック・ゾーンにある。写真＝彰国社

宮城県白石市立白石第二小学校

設計＝芦原太郎＋北山恒

体育館と連続した昇降口（体育館側から見たところ）。
共用エントランスが体育館につながり、大きな玄関ホールを形成している。

教室。
天井は中心に向かって高くなっている。
隣の教室との境は引き戸になっていて、
開閉可能。
黒板も可動式で、いろいろな
位置に配して授業が行なえる。

ワークショップ風景。
設計前、どんな小学校がいいかを
みんなで考えあった(93年5月)。
完成後も
「学校の使い方ワークショップ」が
継続して行なわれた。

多目的スペースとしての廊下。
教室との境の壁は開くことができる。

福岡県山田市立下山田小学校

設計＝鮎川透／環・設計事務所

＊――対談当時は、設計段階であった。

ランチルームの塔（ギザギザタワー）と中・高学年の昇降口を見る。

正門から見た景観。左が緑のシンボルゾーン。

建物は手前から、白馬ホール（250席の講堂・地域施設）、アリーナ（屋内運動場）、校舎。

アリーナや図書室は、地域開放が行なわれている。

教室と作業スペース。
「2つの教室＋作業スペース」を
ひとつのユニットとした
学習空間をつくっている。
各学年1クラスで、1・2年、3・4年、
5・6年が組み合わされている。
上は3・4年生、
左は1・2年生の教室と作業スペース。

ランチルーム。
昼食時には、低学年から
高学年までが顔を合わせる
場となっている。

オープン・スペースの〝中身〟を考える

――いま、現場ではオープン・スクールが大はやりですが、実際にうまく機能しているかというと、あまり機能しているとは思えませんね。

佐藤　本来、教育のスタイルとしてのオープン・エデュケーションと、建物としてのオープン・スクールとはまったく別ものなんです。オープン・エデュケーションというのは、一九六〇年代にイギリスで始まり、七〇年代にアメリカで広まったもので、その時代に建てられた学校にはオープン・スペースをもつ学校が多かったのは事実ですが、教育と建築のスタイルが一致しているわけではないんです。

芦原　日本では、そういうのがこぞって雑誌に出るし、予算の割増の特典がありますし。

佐藤　一九八〇年代に文部省がオープン・スペースを備えた学校建築に二割増の予算措置を決めて以降、新築される学校の大半がオープン・スペースの学校になっています。行政は、ともかく「次代はオープン・スクールだ」という姿勢ですからね。教師や子どもとしては、教室をもっと広くというのが大方の意見でしょう。つまり、図書や作品展示などのコーナーについて言えば、オープン・スペースがあればそれが確実にとれますから。

鮎川　オープン・スペースが物置になってしまっている学校、けっこうありますよね（笑い）。

教師の側には、オープン・スペースに対するイメージはほとんどないですね。下山田小では竣工までの一年半のあいだに研修をしていこうと話をしているところです。いま設計しているプランではまさに、教室の横にオープン・スペースがくっついていて、それがほとんど一対一ぐらいの配分になっていて、つながっているんです。教室とオープン・スペースとのあいだに建具は入れず、教室＋スペースをひとつのユニットとしてとらえています。つまり、オープン・スペースとは、教室が広がったものというふうにとらえてスタートしているわけです。そのかわり、廊下とのあいだは閉じられるようにしておく。暖房の問題もありますから。

以前、吹抜けのオープン・スペースを真ん中にとり、そこに面して教室が配置されている学校の授業を見学していたら、これに興味のある子たちはここでこれをやって、もうちょっと先生がカバーしなきゃいけない子はここでこうやってといった具合に、先生とアシスタント・ティーチャーがあちこちを見てまわっている。こういう個別対応の授業をやるには、少なくとも従来の教室のスケールでは絶対おさまらないというのが実感でした。

芦原　白石第二小でも、まさに佐藤さんのお話どおり、教育メソッドとしてのオープンでいくのかどうか、建築のハードはどうするのかといった問題では、あまり正面から議論することなく、結局、建築のハードをどっちにでもなるようにしましょうということで解決しちゃったんです。

子どもたちにしてみれば、そんなの、どっちもよくわからないわけですが、先生側は、クローズにしたいという意見のほうが強かったですね。自分のちゃんとした教室はもっていたい、子どもの注目が集まるように閉めきったなかで授業をしたい、しかもほかから邪魔されたり、ほかの先生に見られちゃうのはいやだと。なぜか、まわりから隠して教えたいという感覚や、オープンだと子どもが逃げていっちゃうんじゃないかという不安が強いんですよ。

それで、ともかくハードとしては、どうにでもなるようなフレキシブルな設計にしておこうと。その場に応じて、この時間はクローズでやってみようとか、つぎの時間は隣の先生にちょっと声をかけて、「いっしょにやっちゃいません?」とオープンにするとか、そのつど対応できるようにしたんです。オープン・システムの教育メソッドにしか対応できないという意味で〝クローズ〟な、オープン・スクールというハードはやめようと。

佐藤 教育のメソッドとしてのオープン・スクールの本質は、時間と空間、それに教材のフレキシビリティです。だから、学校空間のデザインとしては単純に開くのではなく、クローズの部分をどこに保障するのか、まさに白石第二小のように両方に使えることが最大のポイントだと思います。

日本の授業スタイルは、欧米あるいは世界全体と比べても、いまだにすごく保守的なんです。最大のネックは教師が自分の教室を私物化している点にあって、教室が閉ざされた状況が、教師と生徒だけでなく、教師同士の関係も悪くしている。つまり、何のためにいまオープンにするのか、それが学校にとってどんな意味をもつのかが十分議論されないまま、建物だけを安易にオープンにするということがいちばん問題ですね。だから、オープン・システムにすると、じつは個人別のドリル学習が浸透するという皮肉な状況がある。

そういう逆説的なことが起こっています。

芦原　白石第二小では、隣の教室との境も、廊下的な多目的スペースとの境も、引戸で開閉できるようになっていますが、加えて黒板が固定していないんです。先生によって、可動式の黒板をいろんな位置にもってきて場所をつくることができる。しかも、教室が南北配置じゃないんですね。ふつうは教室は南窓で廊下が北側で、採光を考えて黒板はこちらというふうに決まっているんですが、ここでは教室が東西軸になっていて、中庭のような外部空間からも、反対側のガラス屋根の多目的スペースからも、トップライトからも光がきているので、黒板の位置なんてどこでもいい。そういうスペースの仕掛けがあると、先生はいやでも工夫を迫られることになります。

鮎川　北側廊下に対する盲信はものすごいですね。マンションが南向きじゃないと売れないのと似ている。学校の向きなんてロケーションによってぜんぜん違うとぼくは思うんですが。

佐藤　白石第二小の写真を見てすごくいいなと思ったのは、教室がひとつのハウスになっていることです。天井が中心に向かって高くなっているので、外に開かれていると同時に、内に向かっていく求心性がある。それに、いまの黒板の話はいいですね。というのも、黒板はいつも、教室の中心を決めてしまうんですよ。

鮎川　たしかに、黒板をどこに配するかというのは、単純だけどひじょうに重要な問題ですね。

ところで、オープン・スペースの話で心配なのは音の問題です。音響空間としてはすごくライブで、残響がすごいんですよ。へたをすると、プランとしては使える空間をつくっても、機能的に使えなくなってしまう。いま、床にカーペットを敷いて、なんとか有効に使える空間にしようといろいろやってるんですが、それでも計算すると二秒ぐらいの残響が出る。まあ二秒ぐらいならなんとか使えると思いますが。

佐藤 教育関係の外国人を日本の小学校に案内して、第一印象を聞くと、みなノイジー(騒々しい)といいます。たしかに日本の小学生はのどから絞りだすようなキンキンした声を出していますよね。あれはコンクリートの校舎の影響も大きいと思います。落ちつけない教室だから、自分の存在を絶えずアピールしなければかき消されてしまうという恐怖感が、子どもにはある。チャイムとか、掃除や給食のときの音響も暴力的ですし。いろいろな意味で、子どもがもっと自然な声で話ができる、静かな音の環境を考えてほしいですね。

詰め所としての職員室と、居場所としての職員室

――昔ながらの全体の職員室だけがある学校、各教室に先生のコーナーがある学校と、いま、さまざまです。このへんの配置についてはいかがですか。

芦原 白石第二小では両方つくっちゃったんです。先生全員が集まる職員室がある一方、教室にふたつの小さな箱がくっついていて、ひとつは「先生の部屋」、ひとつは「生徒の部屋」として、いろいろな使い方ができる。人によって、この「先生の部屋」を生徒に開放している先生もいれば、あくまでも自分のものとして、荷物を全部もち込む先生もいるといった具合で、使い方は「どっちでもいいですよ」と。子どもの側にして

も、低学年で先生にいつもいっしょにいてもらいたいという子もいれば、高学年だと先生がいるとうっとうしいという子もいますから。

教室がただのワンルームだと、生徒の荷物はあるわ、学級文庫はあるわで、先生の荷物がなかなか置けず、離れた職員室から運ぶことになってたいへんなんですよ。畳の部屋がシンプルかつフレキシブルに使えるのは、押入れのおかげで、そこから布団を出せば寝る部屋になり、卓袱台《ちゃぶだい》を出せば食べる部屋になるわけで、それと同じ考え方です。

鮎川 極論なことをいえば、教室に先生のコーナーがあれば、全体の職員室のほうは会議室だけでいいですよね。ところが、高校のような教科別スタイルならともかく、小学校の場合は、先生が生徒を管理するのと同様に、校長先生が先生を管理しなきゃならないという意識がまだひじょうに根強いんですよ。ですから、先生のステーションはやはりホームセンター、つまり全体の職員室に置いてくれという要望はかなり強かった。で、ホームセンターは校庭が見渡せる位置にほしいというので、最初、二階にもっていく案もあったのですが、これはまずいと思います。というのは、外から来た大人はまず学校のインフォメーション・センターとしての職員室に行くわけですから、やはりわかりやすい場所にあるべきでしょうね。

芦原 子どもの印象からすると、「職員室に呼ばれる」というのはちょっとヤバイ(笑い)、敷居が高いところですよね。その入りにくさをなくそうと、白石第二小の職員室は校庭に面した側がぜんぶ縁側になっていて、「こんにちは、先生」と行けるんです。裏にも通路があって、こちら側からも入れますが、こっちに呼ばれたらこわいぞ（笑い）、という感じです。

佐藤　以前、教師の一日の活動を調査したところ、教室の子どもたちとの関係で半分、先生同士の会議やその他の事務的な活動で半分、使っているんです。どの教師も生徒との時間を中心に組みたいと考えるんですが、実情はそんなもので、しかも職員同士の関係が悪くなればなるほど、会議がふえる（笑い）。この問題は一筋縄では解決できない問題で、理想的には、パーソナルなスペースと共同的なスペースの両方をもてるといいんじゃないかな。白石第二小のようにふたつのスペースがあることは好ましいと思っています。それから、もうひとつ、いまの職員室が問題なのは事務的になりすぎている点にもあるんじゃないでしょうか。もう少し、スタッフがコーヒーを飲むような場所があれば……。

鮎川　生徒に見られない場所でたばこを吸いたいといってる先生がいましたね（笑い）。

佐藤　そうでしょう、喫煙室。それから、学年会のように、小さな単位で集まれる小会議室があるといいですよね。

芦原　ひじょうに管理的な学校だと、全体の職員室からいちばん近い距離に各教室があるという配置になるんでしょうが、それではほとんど病院管理学のナース・ステーションと同じで、管理側の論理だと思うんです。それより、まず子どもの快適さを考えたうえで、先生の不便さも解決していく。実際、平屋だと職員室から教室までが遠くなるから、三階建てにすればいいという話もあったんですが、それだと三階の子どもはすぐ校庭に出られませんから。

佐藤　ものは考えようでね。ぼくなんか、授業のまえに廊下を歩く時間って、すごく大切な時間ですよ。

鮎川　いいですよね、あの時間は。きょうの講義は何をしゃべろうかなと、そのあいだに決めちゃうとか（笑い）。たしかに小学校は教材が多いから、持ち運ぶのはたいへんでしょうけれどね。

特別教室を地域社会との接点にする

——図書室、家庭科室、音楽室といった特別教室については、どうでしょう。最近では、コミュニティ施設として市民に開放する例が増えていますが。

鮎川　下山田小もまさにそれが大きなテーマのひとつなんですが、先生がたにとっては、はた迷惑な話なんですね。最初に出たことばは「仕切ってくれ」でした。気持ちとしてはよくわかります。ただ、地域社会が子どもを育てるという意味においては、第三者の大人が子どもたちを見ていて、子どもたちは見られていることを多少感じながら生活していく、あるいはそういう大人たちと接することができるというのは重要なことだと思います。

そこで、たとえ向こう側が見えていても、万が一、授業中に市民開放と重なった場合には、見えていても行ってはいけませんよというシグナルになるような建具を、たとえば廊下につけましょう、ということで先生がたを説得しているところです。問題は図書室で、将来的には平日の昼間も開放するんです。となると、子どもが授業で図書館学習をやっている時間に、町の大人たちがぞろぞろ入ってくるということも起こりうる。私は運用の面で工夫すれば、うまくやれるのではないかと踏んでいますが、基本的には仕切りたいというのが、先生の意見のようです。

さらに、二百五十人収容のホールがありまして、ここは大人がおもに使う施設に、ときどき子どもが入っていくという、ちょっと逆のベクトルですが、ともかく交じりあうことを積極的にやっていこうとしています。そのホールには調理実習室もあって、学校側にはないんですね。だから、家庭科の授業のときには子どもがそこへ行くことになります。ホールで大人たちがカラオケ大会をやっている最中に、子どもが入っていく可能性もある。結局、いくら廊下で仕切ったところで、あまり意味がないんですけれどね、現実には。

佐藤　千葉県市川市のある小学校では、学校図書館の隣の空き教室に、公共の児童図書館をつくったんですが、両者は内部でつながっているので、学校の子どもたちは両方使っているんですよ。昼休みには、児童図書館側にボランティアで来ているお母さんたちの読み聞かせ会に参加したり。さらに、市の図書館と学校図書館がコンピューター・ネットワークでつないであるから、たとえば授業でクジラについて調べようと思ったら、学校図書館だけだと資料の数なんてたかが知れてますが、市内の全図書館の資料がドーッと集まってくるから、すごく充実するんです。このように公共機関が入ることによって、閉ざすのではなく相互に開かれていくかたちは、いくらでもありうると思いますよ。

芦原　結局、いちばん問題なのはハードよりソフトだと思います。先生がたは管理者として、よけいなことが入っちゃ困るという意識がかなり強いし、実際、困る状況におかれている。

佐藤　そうなんです。本が一冊なくなったら、管理を問われる。

芦原　ということが、いちばんの問題ですね。たとえば、体育館を市民にも開放するとなると、市民専用の入り口を設けて、市民専用の更衣室を設ければ、文部省が補助金を出すという制度はあるんですが、逆をいえば、それは市民専用として、そこだけ仕切れるようにしないと補助金は出しませんという、柔軟性のない制度でもあるんです。

とはいいながら、開かれた学校にするために、建築家がいろいろなハードを用意することはできる。白石第二小では、施設全体を教室ゾーンとパブリックゾーンの大きくふたつに分けたんですが、そのことによって、かなり子どもたちの意識が変わってくるんですね。たとえば、自分たちの部屋からパブリック側の給食室に給食をとりにいくときは、社会にもらいにいくという意識。職員室も同様で、先生は社会に住んでいるという意識なんです。そのほか、体育館、プール、図書館、その他の特別教室もぜんぶ向こうに、つまり、社会にある。社会で大人に会えば、みんな「こんにちは」って挨拶するんだというようなマナーも含めて、意識を分けてつくっているんです。

そうすると、たとえばパブリックゾーンにあるギャラリーに子どもの絵が展示された場合、その絵は自分の教室にペタペタ張ってあるのとは違って、社会のなかの美術館に展示されているわけで、一般市民も見てくれるかもしれない。また、それと同時に、分けることは、社会の側が学校へ入ってきたときに、学校側の活動を阻害しないことにもつながるだろうと思っています。子どもたちにとっての場と、一般社会の市民にとっての場とをいかにうまく重ねあわせ、一部でははっきり分けていくようなバランスをよく考えたうえで計画していくことが大事かなと思います。

佐藤　特別教室はいろいろな利用価値がありますから、大人と子どもが交じりあっていっしょに学んでいく機会をたくさんつくるといいと思いますね。ヘンなおじさん、おばさんが学校に入ることで、学校は確実に変わっていけるし、子どもがやわらかくなります。豆腐屋のおじさんなんか招いて授業をやったら、もうおもしろくてたいへんですよ（笑い）。いまの子育ても教育も、いちばん問題なのは大人と子どもが一対一で密室にいることだと思うんです。

芦原　建築家は業務としては、学校というハードな建物を技術的に設計することでお金をもらっているわけですが、実際にやっていることは、建物をつくることによって、地域全体の動きなり生活なりを少しずついい方向に変えていく作業のような気がしますね。

仕切りをとり払い、関係をつなぐ装置として

芦原　白石第二小は竣工して二年になりますが、先日聞いた話でおもしろかったのは、それまでの運動会は「一組には負けないぞ」なんてリレーではりきったり、クラス対抗で燃えたのに、新しい校舎になって以来、ぜんぜん燃えなくなっちゃったんですって（笑い）。

佐藤　それはおもしろい話ですね。

芦原　なぜかというと、みんな、休み時間に多目的スペースで、こっちのクラスの子もあっちのクラスの子も遊びまわっているから、クラスの意識が薄らいでしまった。これをポジティブに考えれば、ある子どもが三組のなかで孤立しても二組に行けば仲間がいるし、クラス替えで友だちと別れ別れになっても、すぐそこに顔が見えて、休み時間にいっしょに遊べちゃうわけでしょう。いじめの問題というのはクローズしたなかで孤立するから起こるのであって、開くことはけっこういいみたいですね。

佐藤　二十一世紀になれば、学校の学年制ももっとフレキシブルになってくるでしょうし、学級担任制も、たとえば五人の先生が三クラスをもつようなかたちが出てくるとか、学校の機構や構造が大きく問われる時期がくると思います。そのためには、きょう話題になった柔軟性が大切です。関係のつくり方に応じて場所が構成できることは、今後、学校建築における重要なポイントになってくるでしょうね。

芦原　建築のハードがある空間を規定してしまうと、そのなかで閉ざされた社会ができて、つまはじきにあった子はいじめに走るということが起こりうる。ある先生ににらまれても、隣の先生のところへ行ったら「よしよし」といってくれるとか、そういう関係をつくる。つまり、子どもの小さな社会を、狭いながらももうちょっと開いてあげることによって、より健全に子どもが育っていくようになるんじゃないでしょうか。そう考えると、オープン・スクールというのは、ソフトとハードのいずれにせよ、少なくともいままでの閉鎖的なものを開いていくという意味においては、大切な役割を担うと思います。

鮎川　受験勉強なんて、むしろ逆に仕切りをつくっていって、「あなただけよ、あなただけよ」というのがモチベーションになっているわけですからね。

佐藤　ええ。コンピューターの学校への入り方も似たようなもので、コンピューター室をつくると、教科とかクラスがばらばらになっていくんです。ところが、コンピューターを一台ずつでも教室に入れてつなぐと、逆に教室の壁とか教科の壁が消えていきます。というふうに建築のハードも同じように、個々のものを解体していくのではなくて、つなぐ装置でありたい。そのやり方もそれぞれの教師によって、あるいは子どもの様子によって、いろいろ選択できる余地がある。それがハードの面ではいちばん大切なことだと思います。

III 交差する身体

❖趙 恵貞…チョウ・ヘジュン
文化社会学。延世大学教授。1948年生まれ。延世大学史学科卒業、カリフォルニア大学ロサンゼルス校で博士課程修了（文化人類学）。著書に『学校を拒否する子ども、子どもを拒否する社会』などがある。

❖栗原 彬…くりはら・あきら
政治社会学。明治大学文学部教授（2002年4月～）。1936年生まれ。著書に『やさしさのゆくえ＝現代青年論』（筑摩書房）、『講座 差別の社会学』全4巻（編著・弘文堂）、『証言 水俣病』（編著・岩波書店）、『内破する知』（共著・東京大学出版会）ほか。

身体が交差するところに政治が現れる。
制度によって言語によって身体は虐げられ、
抑圧され、侵され、引き裂かれている。
交差する身体は、
表象の政治が作動するアリーナ（格闘場）である。
このアリーナにおいて派生する
差別と排除と暴力は、
学びとケアと祈りのポリティクスへと
変換されなければならない。

若者たちの二十一世紀
「生産と競争」から「再生産と循環」の社会へ

対談者
趙 恵貞《チョウ・ヘジュン》

機会均等神話の崩壊、広まる教育へのニヒリズム

佐藤　趙さん、こんにちは。きょうの話しあいを楽しみにしていました。日本では、バブル崩壊後、世界的には冷戦構造崩壊後、教育の危機が叫ばれていますが、私には東アジアの国ぐに、とりわけ日本と韓国のあいだには、共通する問題が噴出しているように思えます。教育改革をめぐるさまざまな困難や、子どもや若者たちの危機的な現象です。きょうは、その共通する問題とはいったいなんなのか、さらに共通性はあるとしても、それぞれが固有に抱えている問題はなんなのか、という点を話しあえればと思います。

東アジアに共通の問題といいましたが、その背景にあるのは、近代化の共通のパターンです。きわめて高

い社会的流動性（ソーシャル・モビリティー）の競争を組織しながら、近代化を急速に達成してきた。韓国にしろ日本にしろ、受験競争をエネルギーにして、欧米諸国からみれば驚異的な教育の普及を達成し、近代化につなげたわけです。そして、この十年間、日本も韓国もそのための病理に、改革の面でも、子どもたちの意識と行動の面でもひじょうに苦しんでいます。この点について最初にお聞きしたいのですが。

趙　私も韓日の共通点について考えてみたいと思います。佐藤さんがいまおっしゃったような近代化、べつのことばでいえば西洋的な産業化ですが、韓国の特徴は、それが「圧縮成長」で、西洋が三、四世紀かかってやってきた成長の過程を三、四十年のあいだにやってきたことです。日本は両者の中間的なスピードだったと思いますけれども。そして、「圧縮成長」の核心は、国家主導による近代化であるという点です。さらに国家主導の計画の核心がなんだったかというと、教育であったのです。すべての国民を近代化のパワーに動員していくうえで、「機会の均等が与えられれば民主主義である」という一つの神話がつくられ、その神話によって国民が動かされてきたのです。

最初はそれは事実だったわけですが、いまでは明らかに機会均等の神話が崩れた。いわゆる文化資本をもっている階層でなければ大学にも行けず、大学に行っても就職して社会に出ることがうまくできない。国家がこれ以上、強力な力を発揮することもできないような状況のなかで、さまざまな矛盾が出てきている、それがいちばん重大な問題なのではないかと思っています。

佐藤　それはひじょうに重要な問題です。国家主導という枠組みによる、教育を中核とする圧縮された成長。このモデルは、戦前・戦後の二度にわたって日本が韓国に提供しつづけた近代化のモデルだったわけです。戦前はご存じのように、明確なかたちの植民地化に、戦後はいわば陰に隠れた植民地化によってです。その影響を与えつづけてきた日本じたいにおいて、さきほどおっしゃった機会均等の民主主義という神話が崩壊していることが重要な問題です。日本では一九八〇年の段階で、高校進学率はピークに達し、以後、大学進学率もほぼ横ばい状態です。百年以上続いた学校の神話が崩壊し、教育はたいへんな混乱のなかに置かれています。

その混乱の一つは、さきほど趙さんもおっしゃった国家主導の枠組みがすでに機能しなくなっていること。もう一つは、中産階級において教育に対するニヒリズムが浸透していることです。なぜ、中産階級に教育へのニヒリズムが浸透するかというところに、趙さんがいわれた、圧縮された成長の病理が現象しているように思うわけです。教育の近代化が急速度で進展しているときには、国民の大多数は、親の世代よりも高い教育を受け、親の世代よりも高い社会的地位を獲得する。その結果、多くの国民が学校によって利益を得られる状態が続きますけれども、近代化がピークに達した時点において、競争の成功者はわずか三〇パーセントで、七〇パーセントは学校によって失敗することを余儀なくされています。

教育の価値を信奉し、その神話を信じ、その利益をもっとも享受してきた中産階級は郊外に住んでいるわけですが、文化資本が蓄積する人たちと、それを剝奪される人たちのあいだで、対立と分裂が起こり、大多数の中産階級のなかに教育へのニヒリズムが浸透してしまう。したがって、現在、日本における校内暴力やいじめ、不登校、少年犯罪などは、彼らが住む郊外を舞台として展開されています。

趙　三〇パーセントが成功するだけで、七〇パーセントは失敗しているということは階級の問題だと思います。だから、ちょっと次元の違う問題だと思うんですね。もう一つ、中産階級のニヒリズムという問題は、後期産業社会に現れる一つの状態ですが、韓国と日本の差がここで出てきます。

韓国は、国家主導の経済開発という側面がものすごく強かったから、七〇年代から平準化の方向へ行ったわけですね。中学・高校の入学試験はすべてなくし、入試は大学だけになりました。社会的な移動を可能にする機会の均等を国家が保障するという改革です。子どもたちを試験地獄から救いだそうというようなこと以上に、塾に行かなくても、お金があってもなくても、平等に大学には行けるのだ、という意味で平準化がなされた。それによって、大量生産時代の産業化過程では、学生たちは一所懸命勉強して、子どもも大人も「為せば成る」というようななかで暮らしてきたのです。

その時代には平準化は、そういった国民を育てるという機能を果たしてきたのですが、いまでは、いわゆる多品種少量生産の時代ですから、これ以上こういう平準化ではまったく長所を発揮できない。子どもたちをみれば、ぜんぜん勉強が成り立たない状態で、授業時間にはただ座って、五パーセントから一〇パーセントの生徒が勉強しているだけで、ほかはもうみんな寝てますね。

佐藤　たしかに、平準化の問題は深刻ですね。日本でも、あらゆる階級とか階層の差異を無化してしまう思想が天皇制イデオロギーの根幹にあったと思うわけですけれども、東アジアの教育における平等の概念は、たえず平準化のほうに向かっていく。韓国で高校入試を廃止したのは、朴正熙《パクチョンヒ》大統領ですよね。新しいナショナリズムによる「国民」の形成によって平準化が行なわれたという点が、ひじょうに重要なポイントだと思います。

子どもは「国民」という主体の檻のなかに閉じこめられて、「市民」としての自由を獲得してこなかった。現在の日本においても、入試は全部なくしてしまえとか、大学を同じレベルに平準化してしまえ、という乱暴な議論が湧きあがっているわけですが、その背後に、東アジアの国ぐにが共通してもっている平等のイメージ、全体主義的な民主主義のイメージがあると思います。そこに市民の自由を享受する子ども像・若者像をつくれなかったという問題がこめられているように思います。

「国民」から抜けだしたいという欲望

趙 そこはまさに心配している問題なんです。私がつねづねいっているのは、青少年に人権と市民権を与えてほしいということです。

日本の高校では髪を伸ばしても化粧をしてもいいのですから、人権はあるように思います。市民権に関して、韓国の場合、いちばんの核心的な問題は、これまでの近代化の過程で、すべて「国民」しかいないという思想、それ以外には女性も青少年もいない、違う階級などいない、独特のライフスタイルなど認めない、とそういうふうに来ていたわけです。だから、世代間や男女間でも、意思疎通がぜんぜん成り立たず、対立している。それもきちんとした論争ではなく、暴力的で非生産的な闘いが起きている。

たとえば、韓国で若い人たちに人気があるロック・カフェがあるんですが、その店は年齢制限があり、ある年齢以上の人間は入場させせない。そういうおかしなシステムをつくって、メディアにもてはやされているわけです。このカフェは現在の韓国の状況をある意味で象徴しているように思います。一つの「国民」という存在だけではなくて、ほかの多彩な価値観やライフスタイルをもった主体の存在を認めて、生かしていく、それを若者ができるようにしていくことが重要だと思うわけです。

佐藤 日本においても同じ問題があるように思います。戦後の日本社会の経済政策は、生産力ナショナリズムによって、均質な経済力をもった国民を大量に生みだしてきました。労働運動がさかんでしたから、階級の差異という問題はあるていど意識されてきましたが、性の差異、世代間の差異、民族の差異、あるいは階層の差異は隠蔽され、「国民」という同一性のなかに回収されてきた。しかしバブル経済が崩壊すると、それらの差異のなかに大変なルサンチマン(恨み)が堆積していることがあらわになったのだと思うのです。いたるところで差異の政治が呼び起こされて、衝突するわけですが、なかなか道を見出せない。

しかし、いまの若者文化のなかに、べつの回路が少しずつ生まれていることも事実だと思います。一つの例ですが、猿岩石《さるがんせき》という日本の若いコメディアンが、日本を出発してヒッチハイクでユーラシア大陸を横断しました。それをテレビが追跡し、毎週ドキュメントのかたちで放映したのですが、これが高校生たちのたいへんな人気を呼んだのです。私はこの些細な現象の深層にも、「国民」という枠に縛られないで生きる可能性が読みとられているのではと思いました。これまで、「国民」という枠を超えて見ることができなかった、地球上のさまざまな人びとの暮らしを、さまざまな人との出会いのなかで、地球市民という視野から見なおす回路を獲得しようとしている。まだまだ未熟で、プリミティブですけれども、そういう意識のあらわれのようなものをみることができます。

ある高校で猿岩石の話をして、「もし、どうしても日本では生きられないときには、あのように生きることもできるのだよ」といったら、高校生たちが突然、大きな拍手をしたんですよ。これは私たちよりも上の世代では、絶対に考えられない意識だと思います。

趙 猿岩石の話はたいへん興味深いですね。つまり、無意識にも「国民」から抜けだしたいという欲望ですね。それは韓国の場合はある意味では、ひじょうに強いと思います。日本では国家が愛国心をもてというようなことを過剰にいわなくても、それなりに国家官僚システムが国民をらくに暮らしやすくしているということは、少なくとも主観的に感じることができるのではと思います。韓国の場合は「愛国心をもちなさい」というスローガンを叫んでいながら、その一方では、福祉をぜんぜん整備しないという現状もある。二重的なわけです。一方では民族のことを声高に叫びながら、その後ろには、むしろ国家が国民のために何をしてくれるのか、という疑問がある。ですから、一方ではひじょうに愛国者なんですけれども、その半面で、かんたんに移民になって国を去ってしまう。

高失業率時代に自分らしく生きられる文化を

佐藤　趙さんは、若者が「国民」と「移民」の両面を生きているとおっしゃいましたけれども、まさにいまの日本の若者も、「国民」と「移民」の両面を生きる状態におかれていると思うのです。

たとえば、最近、高校生たちの四割は茶髪ですね。これに対して親の世代は嫌悪と反感を覚えています。「国民」のイメージを超えているからだと思うんですね。しかし、その高校生たちは昨年（九八年）のあるデータによれば、二〇パーセントしか就職できていません。ほとんどが失業者の状態になっているわけです。

日本の大資本はすでに工場を日本の国内に持っていません。海外で資本主義の活動を行なっていて、それらの生産物をもっぱら消費する位置にしかおかれていないのが、そのような若者たちなんです。ひじょうに入り組んだ社会構造のなかで、自分のアイデンティティー、社会参加の契機を喪失しているわけです。日本では、韓国のように政治が前面に出てこない、背後に隠れて見えにくくなっている。そのなかで、浮遊する若者たちの問題が深刻になってきているわけですけれども。

趙　「国民」と「移民」の問題ですが、先日、日本で見学にいった附属高校では制服がないといわれたんです。でも、授業を見たら、私服ですが、私には「制服」に見えるほど同じものを着ていました。髪を染めることも「移民」とは違う脈絡の問題だと思います。髪を染めることは、十代の「国民」がすることであって、十代の「移民」がすることではない。やっぱり「国民」なんだというふうに思います。日本の子どもたちには、「国民」という大きな枠のなかにとどまっていたいという気分――それは消費社会における画一主義にも関連するのですが――があるのではないかと思います。

重要なのは失業問題ですね。資本主義が進んでいった場合に、全世界の二〇パーセントの人だけが仕事をするようになってしまいかねない。つまり、高失業率時代を生き抜いていかなければならなくなります。それで私は、高失業率時代の子どもたちが暴力に走ったり、自暴自棄になったりするような状況を防ぎ、仕事がなくても自分を大切にできる存在として生きていけるようにすることが大事だと思います。そのカギは結局、文化やライフスタイルにありますね。仕事は人間社会のなかで、本当はある一部分にすぎないのですから。

佐藤　まったく同感です。ポスト産業主義社会における子どもの成長と社会参加について、私は、「生産」と「再生産」の階層的構造を転換しなければいけないと考えています。これまでの資本主義は「生産」のための「再生産」活動、つまり、生産を優位におき、そのために育児や教育、福祉や消費などの再生産があると位置づけてきました。そして、再生産の多くは女性の仕事とされ、シャドウ・ワークにされてきたのです。

しかし、これからの社会はむしろ消費、育児、教育、福祉という再生産のプロセスを市民社会の中心におきながら、そこにおける主体を形成していくことが大切です。これまで生産に縛られてきた東アジアの国ぐにでは、生産とナショナリズムとが密接に結びついてきた。そういう生産の主体ではなくて、再生産の主体を立ちあげて、そこに若者の新しい動きを見とおしていく必要があります。最近の日本の若者の行動を見ていますと、ボランティアや福祉活動への参加、消費におけるサービス、教育や文化的な活動への関心が高まっています。これらはいずれも、これまでシャドウとみなされてきた再生産活動のなかに生きる価値を探り、自分たちの新しい連帯を求めようとする動きだと、私は理解しています。

「生産と競争」から、循環的な新しい社会原理へ

趙 とてもいいお話だと思いました。生産を重要視することと、再生産を重要視することの違いは、前期産業社会と後期産業社会における問題を整理していくうえで、ひじょうに重要な視点だと思います。その、生産から再生産への転換を考えた場合、私は十代に注目しています。十代の行動は、その転換の兆候だとも思えるのです。暴力化していく彼らの行動も一つの兆候、萌芽だと思うんですね。変わったファッションだって転換期の兆候で、結局は、大人のなかにそういう兆候をきちんと読みとる人が増えてこなければいけないんじゃないでしょうか。

うちの息子が小学校の五年生のときにこういったことがあるんですね。「お母さん、ぜんぜん怖いもの知らずって感じだね。こんな世の中に、どうして子どもなんか産もうって思うのか」って。そのとき、ちょうど環境の問題を勉強して、そう思ったらしいんですね。「私たちのように一所懸命働けば、なんとかなるんだよ」などといっても、それは「生産」のために「再生産」をしてきた世代がいうことですね。彼らは、「再生産」のために「生産」をする世代ですから、根本的に違う視点があると思います。私たちは、いまの世代がで

きなくても息子たちの世代にはそうした転換ができるように、障害物をなくして後押しをしてやらなければいけないんじゃないかな、と考えています。

佐藤　日本の子どもたちも、もはや三割の子どもたちしか「競争」に幻想をもっていない。競争は、「生産」を上位におく価値観から生まれてきたものですね。「再生産」を中心とする社会には、消費にせよ、子どもの養育にせよ、文化の享受にせよ、福祉にせよ、序列的な構造の人間関係を生むのではなくて、むしろ多様な人びとがサーキュレーション（循環）を行なうという、新しい社会を構成する原理をつくりだす可能性があります。いま、若い人たちが生産や競争に価値を見出さないとすれば、まだ意識化してはいないけれど、べつの社会原理を探っている姿だと考えることができるわけです。たとえば、深夜の二時に、二十年まえの高校生たちは受験勉強をしていました。いま、深夜の二時、都市周辺のファミリー・レストランでは高校生たちがつどって、楽しい語らいをやっています。明らかに生きる価値観が転換しているんですね。

趙　韓国でも夜中の一時ごろから、高校生たちが街に現れ、歩きまわっています。この点は日本と違うのですが、それ以前の時間は学校に拘束されていて自由になりませんから。繁華街のスポットでは、若者がブラブラと集まって群れているという状態があるわけです。その状態を楽観的にみるというよりも、私たちがどのようにして彼らのための新しい場をつくりあげていくことができるのか、ということも問題だと思います。

佐藤　日本の場合も冒頭に申しあげましたように、子どもたちは深刻なニヒリズムに襲われています。未来の社会を、いまよりもよくなると考えている子どもや若者は一人もいないといってもいいかと思います。その子どもに対して、どういう未来を意識させられるか、生きることに値する、学ぶことに値する、という信念を、いわば宗教を超えるものとしてつくりだすことができるのか。若者たちはそれを求めてさまよっているわけですけれども、彼らを結びつける場がありません。皮肉なことに、若者たちが街を彷徨するようになって、それまで造られていた青少年センターという公共施設は、つぎつぎと財政難のためにつぶれているのが現実です。

一つの可能性は、学校という場を根本的に転換することです。これは困難な課題ですけれども、すでに底辺校といわれる高校の教師たちは、子どもたちが新しい人生を発見する場所となるよう、学校の改革を進めようとしています。私は三日まえに福岡に行ってきたんですけれども、福岡にある六つの高校で、読書の調査をしたそうです。すると、いちばん底辺の生徒たちが、もっとも本を読んでいた。それも社会科学とか、文学でも現代的なすぐれた文学だったんですね。そういう学校には、若者たちといっしょに新しい社会を模索している教師がいると思うんです。その感銘に浸りながら電車に乗っていたところ、激しい茶髪の女の子が隣に乗ってきて、ぼくの横でフランクルの『夜と霧』を開いて読みだしたんですよ。これはアウシュビッツを哲学的に書いたむずかしい本ですよ。しかし、ほとんどの大人たちは、まだそういう場を若者たちと共有できていません。

周辺にこそあるエネルギーをつなぐ

趙　私も、教師や父母が子どもたちといっしょに新しい時代をつくっていく力を育てなければいけないと思います。さらに、確固とした中心における変化を望むのはやめて、佐藤さんのおっしゃった底辺校、つまり周辺に生きる子どもたち、さきほどお話しなさったように本をしっかり読んでいるような子どもたちをどのように生かしていくのかを考えたほうがいいですね。そのためには、意識ある先生たちのネットワークが必要です。そういう勢力を集めて学校現場を変えていくという作業は、国家の壁を越えていけば、もっとうまくできるのではないでしょうか。

佐藤　まったく同感ですね。つまり、中心にはもう力はない。周辺にこそエネルギーがある。そのことに気づいている教師たちがいます。ぼくはひとつの比喩でいうんですが、いま、もっとも宗教的なことは、教会からもっとも遠いところで起こっている。同じように、もっとも教育的なことは、学校からもっとも遠いところで起きています。そういう周辺のなかにある可能性を探ると、無数に日本のなかにもあります。

たとえば来月、私は島根県の僻地の学校に行くのですが、そこは全校生徒が四十二人の小さな小学校です。親たちは二、三年まえから、韓国の文化を学ぶために旅行し、そこで学んだことをとおして日本の教育を見なおそうとしています。その小さな小学校は、インターネットで東京大学のぼくの研究室ともつながっていて、五日間にわたる東京大学主催の衛星放送を利用した環境教育のプロジェクトで、テレビ会議によるぼくの授業と交信を行ないました。その小学校がある町は、専属のテレビ・ディレクターとカメラを持っていて、その地域の六つの小学校、五つの幼稚園、一つの中学校の学級の様子を毎日放送しています。その映像を見た親たちは日々、学校に出入りし、教師といっしょに新しい学校教育を創造しています。ここに現れていることは、グローバリズムがもたらす新しい地域のコミュニティーづくりの可能性です。

また、北海道では人口と資本の都市への集中によって町がつぶれる危機にあり、高校の存廃が地域の存亡のカギをにぎっています。ある町の高校では、漁業協同組合がお金を準備して、高校生たちのニュージーランドへの研修旅行を実施しています。高校生たちはニュージーランドで、海の環境を守る青年たち、漁業の未来を考える青年たちと交流をします。帰ってきた高校生たちは、自分たちの町の未来計画をたてながら学んでいます。これもグローバリズムがつくりだす新しい主体の形成ですね。まだ部分的ですけれども、周辺に起きている新しい主体の形成をつなぐ教育の改革が必要だというふうに考えています。

趙　ニュージーランドのお話は、地域を生かしていくためにグローバルにならざるをえないという状況なので、グローバリゼーションというよりも、グローカリゼーションですね。または、さきほど佐藤さんのおっしゃった「再生産」のための「生産」という部分だと思います。それから、放送局をやっている小さな学校のことをお話しになりましたが、韓国にも似たような学校があるんですね。韓国ではふつう、一クラスだいたい五十人なんですが、小さな田舎の学校ですので十二、三人で、教室にビデオカメラやインターネットもあり、放送もやっていたんですが、結局、創造的な教師がいないために、続けてやっていくことができなくなってしまったんです。そういうのは教師の尽力に負う部分が多くて、教師の人材の問題、国家制度の問題ということですね。一方では制度の問題として、とにかくなんとかして解決していかなければいけませんし、もう一つは私たちのような知識人が交流していくなかで、解決策を考えねばならないわけです。これまでの「韓日交流」というと、お互いちゃんとした人たちに会えないまま終わるようなケースが多いのですが……(笑い)。

それから一つつけ加えると、創造的な教師に会うというのはひじょうにむずかしい。日本語で「青少年センター」というと違うものになってしまうのですが、学校とは別に、地域に新しい拠点をつくり、そこで手をつないで、青少年の市民権の問題、たとえば選挙権をもうちょっと早い時期から与えるとか、少なくとも青少年に関係することであれば政策決定過程に参加させて意見を聞く、といったような体制をつくらなければいけないと思います。

佐藤 現在の青少年の危機的な状況に対して、日本の親や教師が行なっていることは「救済」です。カウンセラーを配して、さまざまな相談を行なう。しかし、青少年に必要なのは救済ではなくて「尊厳」、ディグニティーをうち立てることですね。そういう社会参加のための場をつくりだす必要があります。そのためには、これまでの日韓の交流のようなかたちではなくて、より行動する知識人や教師たちの、お互いの行動のネットワークを背景にした交流が必要なように思います。

国民国家と教育

近代史を脱構築する

対談者
栗原　彬

「国民国家と教育」の境界線を引きなおす

佐藤　国民国家はいま、世界的に再編の時期にあると思います。とくに冷戦構造の崩壊後は、国民教育が成立した日本の特殊性とその再編という問題を浮上させています。いま、教育改革として起こっていることを国民国家の世界史的な再編という視点で見なおし、そこからあぶりだされてくる日本の教育の体質をえぐる必要があると思います。

それと連動して、現在の新保守主義とネオ・リベラリズムの問題がある。教育の言説というのは、十九世紀型のリベラリズムを基盤につくられてきたのですが、それがいま、どこでいきづまっているのかという問題と、ネオ・リベラリズムの方向がそれを解決しうるのか、解決しえないのではないか、ということも問題にしたいですね。そして最後に、何をきっかけにして、教育の脱構築を構想しうるのかを議論したいと思います。

栗原 教育という問題を社会的現実の文脈のなかでとらえようとするとき、国民国家の境界線を引きなおしつつ、教育の境界線を引きなおしていくということがポイントになると思う。教育と政治はもともと密接に関係しているんです。教育という問題がでてくれば、そこにかならず政治の問題がからんでくる。教育というのはなんなのかという問題をつきつめていくと、単純化していえば、専門職業的な教師がいて、教えられるものがいる、という関係が成り立つとき、教育が発生する。

最初の教育の成立というのは、おそらく古代ギリシャです。シチリア島にゲロンとヒエロンという二人の兄弟僭主《せんしゅ》がいて、シチリア島のシラクサ市を開発する。そのために住民を追いだして土地を強制収容した。ところがその兄弟僭主が倒れると、自分たちの土地の回復を求めて裁判になったわけです。つまり、民主制が始まる時期に、民事裁判が行なわれたということになります。そのときに住民が、自分の土地をとり戻そうとして、その正当性を民衆のまえで、いわば陪審員をまえにして語るわけです。そこでレトリックということがひじょうに重要になった。法廷ばかりでなく、同時に、政務審議会で議員たちをまえにして説得力のある話をすることが必要だったし、それから民会や市民の集会では、市民を説得する弁論が必要だった。

そういう意味で、真実そのものよりも、真実らしく聞こえることを重視するレトリックが必要で、それが政治の中身そのものだった。専門の教師がいて、ポリスを訪ね歩いて授業料をとって「人間の教育」をした。つまりレトリックを教えたわけです。プラトンの『パイドロス』に名まえのみえるゴルギアス、プロタゴラスなど、いわゆるソフィストが、専門の教師として教えたのです。こうしてレトリック、教育、政治の三者が結びあっていた。政治と教育というのはその出発点からして、密接な関係をもって出てきている。

それは日本の幕末だってそうです。横井小楠《よこいしょうなん》の「学校問答書」を見ると、彼が依拠する理想的な社会というのは、中国のいわゆる堯舜《ぎょうしゅん》(古代の伝説上の聖人君主)の時代なんです。そこでは、身分の上下があるけれども、道とか天とか、真理をめぐる問題をやりとりするところでは対等な友人関係になっていく。そこで必要なのは、平石直昭氏の研究によると、小楠のことばでは「講習討論」というものです。その議論の延長上に、政治と教育の共通の基盤に、対等な学びと討論すなわち「講習討論」というものが最初にあって、そこからたまたま役割分担ということで、政府と学校が出てくるんだ、もともとは同じものなんだと小楠は考えていた。

つまり、国民国家成立以前から、その意味では教育と政治ということがつねに一体になって問題とされていた。

佐藤　古代ギリシャの場合も、ハンナ・アレントがいうように、政治の公共空間は、教育を前提にしていた。政治が教育を要請し、教育があって民主政治が現実化されたわけです。日本の藩校の授業形態をみても、素読、輪講、質問という三段階を踏むわけですが、素読というのは自分でテキストを読むことで、輪講というのはゼミナールで、ディスカッションをするわけです。そして、そこで解決しなかった問題を質問というかたちで師にぶつけるということになる。つまり、テキストというものをまえにしながら、そこにあるレトリカルなもの、あるいはディスコース（言説）を獲得して、政治に参加していくスタイルをとっています。

民衆の寺子屋においても、「庭訓往来《ていきんおうらい》」（手紙文の教科書）とかの実用知を盛りこんだ手紙文のかたちで、書字文化を媒介にしながら、人と人がコミュニケートして公共空間を構成しそこに参加していくという、レトリカルなものが教育されていたわけです。そのレトリックの教育と政治とのつながりが、近代国家の場合には明瞭に区分されていくわけですが、そこの関係が国民教育においては、いったいどうなってきているのかという問題がある。

栗原 近代は政治と教育の分割が始まる。つまり、近代国家以前だったら、「講習討論」というふうにいわれていた領域でも、バナキュラーな（母の、土着の）ことばで討論をしたわけです。それをバナキュラーなことばではなくて、国家のことばで討論していくということを思いたつところから、いわば近代国家の問題と近代教育の問題が分割されて出てくる。イリイチの『シャドウ・ワーク』（玉野井芳郎・栗原彬＝訳、岩波書店）のなかに、カスティリア語文法を国家と結びつけたネブリハの話がでています。ちょうどコロンブスが航海を始めたころです。当時、バナキュラーなことばを使っている連中が多くて、しかもそのころ印刷術が始まって、バナキュラーなことばの途方もない野放図な物語が横行し、民衆はそれをわいわい言って喜んで読んでいた。ネブリハは女王イサベラにカスティリア語文法の本を献呈した。つまり、こんなアナーキーな状態でいいのか、女王陛下のことばで国を治めるようにしなければならない、というわけです。ネブリハは、バナキュラーなことばというのはひじょうに野卑な、危険なことばで、しかもスペインをみてみれば、スペインに共通のことばなんてどこにもなく、ラテン語も衰退している。文法学者のつくった文法体系をはっきりもったことばを、国のことばにすべきだと主張した。国のことばを話さない野蛮な連中がいるわけで、そういう連中を啓蒙して野蛮状態からひき離す必要がある、そのためには国のことばを教育しなければならないということになる。

このエピソードのなかにはさまざまな意味を読みとることができます。つまり、共通の文法の体系をもたず、教師が教えないことばを話している連中というのは野蛮で無知な連中であって、教育でその連中を「人間的」にしてやるということになるわけです。そして、国をあげてその教育をやるべきだということになる。国家が近代国家として体裁を整えていくという問題にからむこととして、植民地教育の問題と宗教の問題があります。ネブリハ自身はユダヤ教からカソリックへの改宗者なんだけれども、キリスト教の世界を広げていくという発想があって、それは同時に文明の世界の拡大と考えていた。植民地をこれからつくっていくさいに、植民地の人間を改宗させるために、国のことばの教育が必要だとされた。内部と外部の無知蒙昧《むちもうまい》な連中を女王陛下が植民地化するというところから、教育と国民国家の形成という問題が結びあって出てくる。

教育の問題は、分割され再結合されるかたちで近代をとおしてあるわけですが、そのなかから「教育と国民国家」という問題が顕在化してきたのは、植民地の問題との関係においてです。教育・国家・植民地という、いわば三位一体的な領域が現代の「教育と国民国家」という問題の源にあるのだということを明確にしておく必要があると思う。

近代教育形成の三つの区分

佐藤 いまいわれた問題は、日本近代の国民国家と国民教育の形成の筋道とオーバーラップしていますが、同時に、日本の国民国家の構成のされ方そのものが特異性をもっていることも事実です。ひとことでいうと、十九世紀の世界システムの帝国主義的分割のなかで、ヨーロッパからは辺境の極東にある日本は、文化的にはみずからを進んで植民地化しながら、同時に、国家としては独立を保ってアジアを植民地化しながら、帝国主義を内在化していく。国内では、国民教育をとおして均質な政治空間を構成し、アジアに対しては植民地化を進めていますね。日本の帝国主義的な植民地支配の問題と、日本の国民教育の形成のされ方というのは、表裏一体で一貫したものがあります。

従来は国民国家と教育という問題のたて方をしたときは、国家と国民の閉じた関係でみていたのですが、もっと大きな世界資本主義体制の変化と、そこにおける日本の国民教育がたどった道筋、という構図のなかで見なおす必要があると思います。

国民国家と教育という問題は、世界システムの変化に対応させてみると、一――十九世紀後半の国民国家と国民教育の成立の時期、二――一九三〇年代におけるその再編の時期、三――冷戦構造崩壊後の再編の時期、の三つの時期に分けられます。

第一期は国民国家と国民教育が形成されていく時期で、一八七二年の学制被仰出書から始まって、実質的には一九〇〇年の小学校令で国民教育が確立します。全国の学校で均一の時間に均一の内容を、均一のシステムで遂行する国民教育が現実化するわけです。この時期は日清戦争(一八九四年)と日露戦争(一九〇四年)のあいだの海外侵出の時期で、この二つの戦争のあいだに義務教育の就学率は、六一パーセントから九六パーセントまで飛躍的にのびています。この国民教育の膨張は、大正期の自由教育という国民運動へと連なるわけですが、この第一の時期に脱亜入欧をもくろみながら、どのように国民国家を形成していったのか。これがいちばん基底の問題です。

それから、世界的な再編の第二期として、一九三〇年代における変化をみる必要があると思います。一九三〇年代というのは、世界の国ぐにが、スターリン的な社会主義国家と、ケインズ主義の福祉国家と、ファシズム国家の、いずれの進路をとるのかが問われた時期で、日本はファシズム国家を選択し、邁進していったわけです。

この時期の帝国主義と教育制度の拡充との連動は、中等教育、高等教育にみられます。官公立の大学だけではなくて、私大が普及するのは一九三〇年代ですし、専門学校の高等教育への格上げも行なわれます。高等教育の基本的システムはこの時期にできあがっている。ちょうど、企業における「日本型システム」と呼ばれるもの——終身雇用制、年功序列制、労使協調などがほとんどこの時期にできあがっているように、戦後の六・三・三の教育体制の実質的な部分も、ほとんどこの時期に準備されています。

中等教育でいいますと、国民学校が始まったのが一九四一年ですが、それと連動して、一九三五年から三九年にかけて、実業補修学校と青年訓練所が統合され、青年学校が義務化されます。義務化された青年学校は、当初は、小学校の義務制からひき継いで七年で計画され、いまからいうと高校まで入るものでした。もちろん、実態としては、それほど普及してはいなかったわけですが、それにしても、一九四三年には三百万以上の義務教育修了者が青年学校に組みこまれています。

さらに、近衛文麿内閣のもとの教育改革同志会が、新体制運動の一環として、六・三・三の教育体制を構想していたということでも、戦後の教育体制との連続性をもっているわけです。戦前と戦後との変化は、この第二期における二つの選択肢のなかでの変化、つまりファシズム国家から福祉国家への転換をしたのだけれども、再編された基底の構造そのものは、ずっと戦後も一貫してひき継がれてここまできてしまったとみることができる。

この第二期に戦前と戦後があり、その戦後に、民主化の時期と高度成長の時期があると、歴史を認識しないといけない。その基底のシステムそのものの構造が、いま、大きく揺らいでいるわけです。具体的には、住専(住宅金融専門会社)問題だって、官僚があれだけ民間企業に介入するシステムはファシズム体制のなかでできあがったものですし、それがいま、破綻しているわけです。薬害エイズの問題にしても、厚生省の責任を露呈していますが、同じ構造ですね。教育でいうと、画一的な教育、官僚的な教育統制、それから形式的には平等のシステムをとりながら、内部における選別・序列化を構成していくシステムという、戦後の基本的な構造とその実態というのは、一九四一年の国民教育体制でできあがっている。

もちろん、戦前と戦後で、国家の権力構造は変わりますが、国民国家に対する幻想――これは一種の共生幻想だと思いますが、あらゆる差異を無化する、天皇制を中核とする共生のユートピア幻想なるものは、象徴天皇制に保存されるかたちでそっくり残されてしまった。

もう一つが現在の第三期ですが、冷戦構造の崩壊後の変化です。スターリン的な社会主義国家が崩壊し、ケインズ主義の福祉国家も崩壊して、体制全体が大きく変換している。これは、ソ連の崩壊とベルリンの壁の崩壊として顕在化したわけですが、すでに一九八〇年代から、サッチャー政権、レーガン政権、中曽根内閣の新保守主義と新自由主義による政治と教育の改革が着々と進んでいて、教育改革のレトリックは、一九八〇年代なかばに産業主義から市場主義へと転換しています。

現在は大きな改革の波のなかで、私自身も驚いているんです。教育学を専攻したときには、風の当たらないところでしこしこ闘おうと思っていたら(笑い)、いまや風のまっただなかにおかれたという感じです。教育が、日本社会の未来選択の中心問題になっているというわけです。

戦中からひき継がれている私たちの社会意識とは

栗原 いまの整理でひじょうに見とおしがよくなりましたが、とりわけ一九三〇年代の末までの体制の選択の問題が、一九四〇年代以降の戦後まで一貫しているのだという歴史認識は重要だと思います。私も戦後期の大衆の意識をリサーチしたんですが、戦中の大衆の意識のあり方とどういうつながり、または断絶があるのかということを考えたんです。大衆の社会意識は一九四五年で突然、戦後に変わったんだとはいえないわけです。戦中意識と戦後意識はむしろ連続性のほうが強い。

結論だけいいますと、大衆の戦中意識の構造は四層をつくっていて、天皇制に結びついているイデオロギーが頂点にあって、それを支えているハビトゥス(慣習行動)のほうにそのイデオロギーを降ろしてくるのが、第二層の死の哲学なんです。『葉隠』だとか「教育勅語」もそうですが、死を恐れないイデオロギーの領域です。その下に第三の層があって、それは「一緒意識」です。これは共生幻想ですが、その部分がユートピアになるところもあるんですが、いっしょに死ねば怖くないという行動原理です。しかし、その下に、第四層として、「でも生きたい」という生の欲望があるのです。

この構図は戦後も受け継がれていく。天皇制が崩壊して頂点はどこにいくかというと、それが会社であったり国民国家であったりするわけです。一九五五年以降のいわゆる技術革新と、六〇年代の高度経済成長のあいだで明確になっていったのは、ナショナルな生産力主義です。戦後に、日本が敗れた理由として共通の認識としてあったのは、日本が科学と経済力で遅れをとっていたからだということです。科学的で合理的な思考力を養わなければならないということになった。それで、科学の力で経済大国になっていくんだというのが、戦後のナショナルな目標だった。

経済力で劣っていたから負けたのだということから、生産力主義になるのですが、生産力主義はじつはマルクス主義が主張していたことであって、保守政党のほうが逆コースから転換して、生産力主義に変わっていく。そのことで保守政党の一党独裁と社会党の長期低落傾向が始まる。高度経済成長の時期の生産力主義のあり方というのは、私のとり分のパイの一切れを大きくするためには、パイ全体を大きくしなければならないという発想で、国民総生産を大きくするというナショナルな発想と、うちの会社の全体の利益を大きくするという「企業意識」が支える、生産力ナショナリズムになる。会社への忠誠とか、国家へのロイヤリティというのは、大衆の戦後意識の第一層をかたちづくっていて、天皇制こそ、一度は表面から消えていくかもしれないけれども、構造的には戦中意識の第一層とまったく同じなんです。社会意識の頂点はそういうところにある。

二番目の層に何があるかというと、戦中の死の哲学に変わって、快楽です。これは藤田省三さんが「安楽の全体主義」といっています。それからその下の第三層は戦中とまったく同じで、「一緒意識」です。これはくり返しいわれる集団主義です。それからその下に第四層として、私的な欲望がある。戦後は「滅私奉公」ではなく「滅公奉私」です。

そういう構図でみると、戦前の意識から六〇年代の企業戦士の意識まで、ずっとつながっている。こうした、戦中と戦後を一貫する大衆の社会意識の構造が、国民国家・国民経済・国民教育の三位一体のシステムを、いわば下から支えてきたといえる。

佐藤　学校の窒息状況を通時的にみてみますと、いまほどひどい状況はありません。たしかにファナティックなファシズムの時代はありましたけれども、あれは本当に一時期で、近代の日本の歴史全体を考えてみますと、いまの学校ほど窒息状態で身動きできない状況はないですね。

この管理と抑圧のシステムがどう構成されたかという視点で、国民国家と教育の関係をみてみますと、一九〇〇年ごろまでは、国民国家と国民教育という均質空間がどこまでも膨張する過程で、上から行政の権力で構成されていったわけです。

ところが一九〇〇年ごろから、その構成にメディアが参入してきます。日露戦争後、明らかにジャーナリズムに変化が起こっていて、主要な教育雑誌の多くがこの時期に出てくるんですね。しかも、そうとう普及するわけです。一九〇〇年代の富山県のある郡で、教師たちがどれだけ教育雑誌をとっているかという調査があるんですが、それを見てみますと、一人あたり一冊以上、定期購読している。これはたいへんな量でして、国民教育を構成する言説が、相当程度、浸透していたことがわかります。

しかしこのジャーナリズムは、中央の講壇のアカデミズムの論壇をわかりやすく解説したものなんですね。ところが、一九二〇年代からまた新しいジャーナリズムが入ってくる。国民教育の国民運動です。教師が中心的な執筆者となって、国民国家の教育言説が下から構築されていくんです。これがさきほどいった帝国主義的な国民国家に収斂していくレトリカルな道を築きあげていくわけです。

これは、戦後もずっと変わっていない。とくに高度成長期に、これもまた教育ジャーナリズムが、国民教育の国民運動を組織していきました。

社会を国家のもとに「学校化」していく近代化のプロセス

栗原 戦後の教育の主体は、最初子どもでした。つまり、戦後の民主主義教育への第一の教育改革は、教育の主体を子どもとピープル(人びと)に措定しました。しかし、この画期的な教育改革は、国民が主体的に進めたのではなく、GHQにいわれて、行政中央官庁が上から法的な制度化を進めたという限界があった。

次いで、一九五六年に「地方教育行政の組織および運営に関する法律」を第三次鳩山一郎内閣のとき制定して、文部省の意向が末端まで浸透するようになった。ふたたび、戦中につながるようにして、国家権力が教育への支配と管理を掌握したわけです。そのうえでこんどは、一九六〇年代なかばに、中教審と文部省が「期待される人間像」を出す。そこでいっているのは二つのことです。

一つは日本の伝統的な秩序意識です。もう一つは生産的な人間を育成すること。これはやはり、六〇年代の生産力ナショナリズムを支えるマン・パワーの再生産を教育に求めた、財界と官僚と保守政党の要求する人間像です。教育に生産力ナショナリズムをもちこむ。そのへんが一つの大きな変わり目ですね。

六〇年代の高度経済成長期に、政治のシステム(五五年体制)と、学校教育と、国民経済(大量生産・大量消費方式)と、近代家族がでそろった。教育と政治の双方に近代家族のあり方が深くかかわっています。そこで、リールを近代のほうに巻き返してみますと、国民国家の形成に教育がものすごく重要だということと共に、もう一つ、近代家族の形成ということを見過ごすことができない。

カール＝ハインツ・マレの『冷血の教育学』（小川真一訳、新曜社）という本があるんですが、この本ではまっさきにマルティン・ルターが出てくるんです。ようするにルターが近代的な家族のあり方を提唱したということなんですが、聖書にもとづいて、アダムのほうが、つまり男のほうがえらいというんです。ルターの頭にあるのは家父長制のキリスト教的な家族像なんです。そこに夫と妻の役割分担が出てくる。

夫、つまりルターですけれども、彼自身は外へ出ていって説教したり、教える、つまり教育などの「公的」な仕事をする。奥さんはたしかケーテという名まえですが、ルターは自分の妻を「ヴィッテンベルクの明けの明星」と呼ぶんです。「明けの明星」というのは、ケーテが早起きするからです。四時ごろ起きるんですね。それで畑を耕したり、動物を世話したり、子育てをしたり、それから学生に飯を食わせたり。それからあと、聖書を読む。妻の仕事というのはいわゆるシャドウ・ワークだと、明確に規定するわけです。そして夫は外に行く。

子どもというのは何か。ルターは教育されていない子どもは野蛮人で、毒物で、虫けらみたいだというんです。それはネブリハにとって、キリスト教の教育を受けていない者は野蛮人で文明外で人間以下の劣ったものだったように。それとよく似ている。子どももそうだという。そうすると、親は教育をする使命と義務がある。そういう意味で、教育というのは家庭のなかで行なうという問題提起です。それで家族がその単位となって、親は神の代理人だから、異教徒のような子どもを教育する義務があるわけです。義務がある背後には、神の代理人として子どもを支配し、訓育する権力が付与されていると考える。それは教会からも付与されているし、世俗の権力からも付与されているというんです。

そうすると、さまざまな空間の分割が進むときに、最初に教育と国民国家の形成という問題を媒介する装置が家族である。家族が媒介になって、そこで、一方では家のことを司る人間を教育するわけですけれども、他方では国家に仕える国民というものをつくっていくわけです。しだいにいろいろな分割がそこに出てきて、とりわけ教育の場が家から学校に移される。それから、学校に集められたのは、家で教育を受けない者たち、ようするに次男坊以下、世の拗《す》ね者たちでしょう。だからたえず学園闘争が起こっていて、軍隊が出動して、軍隊に向かって学生が学校のなかから大砲をうつような、学園闘争としてはかなりスケールの大きいものなんですが(笑い)、学生も権力も活気があふれている。

近代に入って、空間の分割と時間の分割が進みます。そのことが、家父長制的な近代家族の成立と教育の成立と、国民国家の成立の重合をうながします。時間の分割とともに、定時法の使用が明確になってくる。パリのコレージュ・マザランという寄宿制のエリート校の十八世紀末の時間割は、朝五時半起床で、五時四十五分までに着衣と洗顔。七時十五分まで学業、それから朝食というふうに細かく時間が決まっている。定時法による時間の分割が、こんどは家族のなかにも入っていく。このことは、工場労働が時間制で動くことと密接に関係している。交通機関も発達して、時刻が重要になる。それらが国民経済の形成という方向に収斂していくわけですね。そのさい、時間の分割ということを教育が先導しているということがある。

そのことは同時に、空間の分割でもあるわけですね。学校という教育の装置を分割する。教育の時間の分割と同時に空間的な分割も進む。それから医療の装置もそうです。共同体の近代的な機能をそれぞれ分割していく。分割された共同性の機能は、病院やワークハウスなどの専門化された社会的な装置に制度化される。それはとりもなおさずポリツァイ（福祉管理）の領域の拡大を意味し、そのことが、あらためてそれを統合する国家のことばを必要としてくる。こうして社会空間全体が、家族も含めて学校化するといえる。

フランス革命の直後のころ、フランスの人口は二千三百万人くらいですが、そのうちフランス語をまったく理解しない者が六百万人いて、ほとんどフランス語をしゃべれない者が六百万人いる。だから、人口の半分くらいはフランス語をほとんど理解できない。そこで国語教育が強制されます。コミュニケーションがそういう意味でできるようになっていくわけですけれども、同時に国民国家の社会統合が進んでいくわけです。

そうすると、そういう空間の分割と時間の分割のなかできわだってきているのが、中心性と生産性と、それから分割・排除という三つのレベルです。

これはたとえば自我という問題、近代的自我の形成という問題のなかにもこの三つのレベルが現れている。D・リースマンがいうとおり、近代的人間としての内面思考型の人間はつまり船長みたいなもので、自分のなかの羅針盤で動いていくんだけれども、その内なる羅針盤には家父長だったり司祭だったり、教師が入りこんでいる。そういう権威がいわば内側に植えつけられる。

その自我はやはり中心的・求心的な自我です。それから自我が、フロイト的な自我だったら防衛的な自我なんだけれども、そうではなくて創造的な自我のほうが近代ではきわだつわけです。ようするに生産性という問題です。それから、自我というのはやはり他者とのあいだで差別され、選別されて存在します。

それと同じ三つのレベルが教育についてもいえるわけで、教育の中央集権制の問題と、それから教育が生産を、正確には再生産をしていく装置になっていること、それから教育の機関が選別と差別という、社会の差異化の装置になっていることが指摘できます。それから、国家が同じく中心性と生産性と選別という機能を養っていくところであるといえます。だから、自我の形成と国民国家の形成と国民教育の成り立ちというのは、中心性と生産性と選別という三つのモードを共有している。

国家による〝人づくり〟としての国民教育のはじまり

佐藤　「ナショナル・エデュケーション」という、日本語で「国民教育」と訳されることばを最初に日本で使ったのは、森有礼《もりありのり》(初代文部大臣)の推薦で文部省顧問となったデイビッド・マレーという人です。田中不二麿といっしょに自由教育令(一八七九年)を作成した御雇外人ですけれども、ちょうどアメリカではマサチューセッツ州を中心として、普通教育の公的な制度がいちおう整備されていました。

ナショナル・エデュケーションということばを、日本人で最初に使ったのは森有礼です。「学制要綱」(一八八四―八五年)に登場します。そのときにおもしろいのは、「国設経済」「国設教育」と彼はいっているんですが、ナショナル・エコノミーを国家と考え、ナショナル・エデュケーションを教育と考えた。この二つが対概念なんです。国家が構成するエコノミーとエデュケーションがセットになっている。

しかも森有礼は、近代家族をもう一方で構成しています。一夫一婦制を主張した「妻妾論」ですね。それと、廃刀論で森有礼は若いときにいちど放逐されるんです。こうして森は、近代家族を構成し、国民教育というかたちで学校を構成し、ナショナル・エコノミーというかたちで殖産興業の国家を構成し、もう一つの装置として軍隊を構成しています。国民国家の構成と分割を、森は近代的に準備したのです。なおかつ、森有礼が殺されたのが憲法発布の日の朝で、そのまえの伊勢神宮の参拝中にステッキで神宮のスダレを払ったというデマ宣伝が原因で刺客に殺されるのですが、おもしろいことに、彼が伊勢神宮に参拝したのは、文部卿以来の役目である暦改めのためだったんですね。もちろん、森自身は太陽暦の世界で生きていたわけですから、森の暗殺は近代の時間をめぐるコンフリクトの象徴的な事件です。

そして、国民教育が、森有礼においてはじめて人づくりというかたちで提示されますが、これが日本の教育言説の一つの特徴をつくったと思うんです。人づくり、イコール、教育という論です。欧米の国民教育の構成のされ方は、もちろん人づくりの要素が含まれますけれども、まず文化の再分配であり統合ですね。文化を統合して国民を創出していく。けれども、日本の国民教育は、直接的な人づくりなんです。直接的に人づくりをしながら、それを国家言説のなかに吸収していく。これはいまも変わっていません。

生産主義のなかの効率・能力主義と家父長制モデルの教育

栗原　そこで佐藤さんにうかがいたいんですが、ナショナル・カリキュラムの問題があります。国民国家の成立と、ナショナル・カリキュラムの成立とは重なってくると思うんです。カリキュラムというのはもともと〝クリクラ〟というラテン語からきていて、それはレース・コース、競走路なんでしょう。馬を走らせて競走したりするとか。

カリキュラムというのはそもそも、競走と調教とゴール（達成）という意味が一方にあって、それとセットになるのがラダー、梯子《はしご》です。教科目を段階的に配置するわけでしょう、学年制に分割して。そういうラダーとクリクラがセットになっているわけですね。クリクラとラダーのセットがナショナルなプロジェクトになってきているということが重要だと思います。

佐藤　学制（一八七二年）では二十九科目も決めているんです。すべてアメリカの教科を翻訳した教科でした。ですから、近代学校は成立したものの、実質的にみると、最初の時期は就学率が二割に達していませんし、寺子屋と藩校の科目の一部が重なりあいながら進んでいったといっていいと思います。しかし一九〇〇年ごろになりますと、国民教育の均質性は実態として構成されてきて、一九〇四年に国定教科書になります。国定教科書になってはじめて、洋紙洋装本になるんです。それまでは和紙和装本ですから、何百種類もあった教科書が一種に統合された。

均質化はさらに進みまして、とくに一九一〇年代と二〇年代に産業主義モデルの教育が浸透します。これは世界的にそうなんですが、科学的な労務管理の出発点となるテーラーシステムをモデルとして、ボビットというシカゴ大学の教育学者が、一九一二年にカリキュラムを科学的にコントロールする理論を提起します。テーラーシステムのアセンブリライン（流れ作業）のように、カリキュラムの作業時間を均質な一方向の時間にしてしまったんです。生産目標を教育目標という言葉におきかえて、学校教育の過程を生産工程にみたててプログラムに構成していく。

栗原　工場生産のことばをそのままおきかえる。

佐藤　そうです。教育目標を定め、プロセスを効率化し、テストで評価する。ボビットは、子どもを「原料」、教育した生徒を「生産物」、教師を「エンジニア」、校長を「工場長」と呼んでいます。このシステムが一九一〇年代にアメリカで成立しまして、一九二〇年代に世界的に広まります。

だから近代国家の国民教育は、二重の支配構造になっていて、一つは国民国家の統合としてのナショナリズムで、これは十九世紀なかば以降のものです。もう一つは、産業主義のモデルによって教育の生産性と効率性を上げるシステムです。この二重のシステムが、一九二〇年代に完備されます。

日本にも一九二〇年代に教育目標が入り、能力テストが入り、それから能力別の学級編制も入っています。日本の場合の特徴は、能力で評価し選別するんですね。大正時代の個性化教育のほとんどは、この産業主義をモデルとする生産性の論理と能力主義の論理によるものです。

栗原　その二つのシステムはつながっているんでしょう。

佐藤　つながってるんです。

栗原　それは森有礼的にいえば、国設経済ですね。国設経済というのは、世界的な視野でいえば、フォーディズムです。具体的にはフォード工場の生産様式だけではなくて、大量生産・大量消費の全体ですね。そのフォーディズムが国民経済の中身なんです。その成立と国設教育、つまりナショナル・カリキュラムの成立が重なってきているんです。でも、日本が最初から能力主義だというのはおもしろいですね。

佐藤　教育における競争と選別にしても、第一次大戦をさかいにして、それまでは素朴な立身出世主義なのですが、そのあとは能力主義へと変貌しています。しかも、最初は子どもたちを能力や個性で分化して組織するのですが、国民学校でもういちど再統合されるんです。「大東亜共栄圏」という大きな共同幻想における統合、差別、選別、排除のシステムが構成されていくわけです。

戦後の改革のときも、この構造に対する批判はきわめて不徹底です。その根底にはさきほどおっしゃったように、一つには普遍的人間主義の共生幻想があり、もう一つは、欲望は自然であり、自然だから肯定されるべきであるという欲望ナチュラリズムがあって、この二つが、反近代のルサンチマンの意識をからめとりながら進行する。おまけに、これもさきほどいわれたように、家父長制をモデルとした、日本の教師―生徒関係があります。学校も家父長制の構造をもっているんです。欧米諸国の学校の場合、女性が教師の中心勢力を構成しますから、フェミナイズ(女性化)されるんですが、日本の場合、男性が教師の中心でした。武士の失業対策として近代学校の教師が生まれ、戦後は軍人の失業対策です。ここでも家父長制が再生産されています。

植民地教育をなかったことにしてきた戦後

栗原　戦後の教育のなかで徹底して反省されなかったのが、植民地教育の問題です。これをあってなかったことにしてきたことが、ひじょうに大きいんです。いまの日本の教育を考えるうえで、植民地教育というものがあって、いまの教育の原点にこれが投影されているということは見逃せないと思います。

戦後、教科書に墨を塗ったんですけど、石川啄木に「地図の上／朝鮮国に黒々と／墨を塗りつつ秋風を聞く」という歌があります。朝鮮国に黒ぐろと墨を塗るという、これは一九一〇年に日本が朝鮮を植民地化したときの話です。もちろん当時ですと、地図の上に朝鮮を赤く塗るわけですよ。それを黒ぐろと塗るというのは、啄木の気持ちが入っているんです。もちろん、喪に服するということです。

私はこれは戦後、教科書に墨を塗ったことと対応していると思うんです。もちろん墨を塗る意味はまったく逆であって、啄木は「忘れないために」であり、戦後の教科書は「忘れるために」ですけど。教科書に墨を塗ったとき、植民地の問題をあってなかったことにしたのです。地図の上に啄木は墨を塗ったわけですから、これは教育の問題でもあるんですね。朝鮮教育令の制定は一九一一年です。日本はそれから以降、躍起になって、朝鮮で皇民化教育をするわけです。いつも徴兵制という問題がセットになっています。

塩原時三郎という有名な「朝鮮半島のヒットラー」といわれる男がいて、朝鮮総督・南次郎といっしょになって、皇民化政策を進めます。そのとき、朝鮮人のアイデンティティーを希薄化し、皇国臣民のアイデンティティーを強化していくんです。「創氏改名」が行なわれた。それが台湾になるとまた違って、「改姓名」なんですす。これは許可制だったんですね。いまの帰化の条件とよく似ていて、日本語が話せるとかいろいろな条件があったそうですが、植民地においても差違があったんですね。

「皇国臣民」ということばを最初にもちいたのは塩原時三郎らしいですが、日本の小学校令にはこのことばはありませんでした。小学校令第一条には、国民教育の基礎や生活に必要な普通の知識技能を教えることが教育の目標だ、と書いてありますね。朝鮮教育令が何度かあらためられていくなかで、「皇国臣民」ということばがつけ加わっていったんです。それが内地に逆輸入された。ですから、植民地教育というのは、ファシズム体制のなかで先端をいっていたのであって、むしろ内地の教育者がそれに刺激されたんです。そのへんのことは戦後の教育を考えるうえでも重要な問題をはらんでいます。植民地教育はいったい何だったのかということを、明確に問題にしないままにきたんですね。

佐藤　そのお話を補足いたしますと、国民教育は一九〇〇年の小学校令で完備されるんですが、ヴァルネラブルな(傷つきやすく壊れやすい)構造をもっていました。天皇制をかかえ込んだことで、学制以来の人民の教育と、教育勅語の臣民の教育と、近代国家の国民の教育を併存させたわけです。人民の教育というのは普通教育です。そのうえに近代的な国民国家を構成する国民教育があって、そのうえに天皇制の臣民教育があるという二重構造になっているんです。いちおう、近代的な国民教育の体をなしながら、内部に分裂をはらんだ不完全な装置だった。それが一元化されたのが国民学校令(一九四一年)です。「皇国民の錬成」という理念で、三者を統合したわけです。この国民学校令が出るまえの一九三八年に、朝鮮総督府はすでに「皇国臣民の教育」を政策化しています。

だから、「皇国民の錬成」という国民学校のモデルは、植民地で準備され、逆輸入されたのです。「国民学校」という名称じたい、満州国の植民地教育から逆輸入したものです。同じような問題はいくつもあげることができる。たとえば、文部省唱歌そのものが植民地の存在を前提にして創作されています。「ふるさと」という歌は象徴的ですね。いまでも留学生が集まると、みな、この歌を歌うのですが、歌詞はどこにでもあってどこにもない風景を歌っていて、これこそ国民国家の風景です。この歌がいまだに韓国や中国の人たちの歌になっている。

しかも、唱歌の大正・昭和期の一つの特徴はヨナ抜き旋法で、ファとシがないのです。演歌の音階も同じです。これはいままで、和洋折衷でヨナ抜きにしたといわれてきたのですが、日本は複雑な音階をたくさんもっていますから、ファとシがあるんです。どうもおかしいと思って、韓国・朝鮮の民族音楽を調べてみたところ、五音階のヨナ抜き旋法が基本でした。この韓国・朝鮮と日本を統合するヨナ抜き旋法が、国民国家・国民教育の音として、われわれの体感・音感などの五感の部分まで構成する文部省唱歌というかたちで逆植民地化され、軍歌というかたちで帝国主義化されたわけです。

こう考えてみると、植民地主義の教育はひじょうに根が深い。教育の言説がなぜ人づくりでなければならないか、あるいは、教育の言説がなぜ、事実を対象化するまえに「べき論」になってしまうのか。考えてみると、こういった言説の構成のされ方は、植民地のアジア研究とか、植民地の同化政策における教育言説の大きな特徴です。相手を野蛮であり、同化の対象としてみるものですから、教育は人づくりとなり、「べき論」が先に立って、規範から教育の言説が構成されてしまう。

栗原 「日本語」といわないで、「国語」を話せる人が大東亜共栄圏を構成し、そのなかの国語を話せない「野蛮人」を教育して話せるようにするという、その構図がそのまま戦後の教育のなかにもあって、子どもというのは本来、文明の外の存在だから、それを訓育し教育して文明の社会に入れてやるというのが、教育を貫いている子ども観だと思います。アジア系留学生への処遇や日本語教育にも、この構図はしのびこんでいる。また、教育の主体はだれかという問題にもなります。植民地教育とぜんぶ連動しています。

佐藤 方言がいつごろから厳しい矯正教育の対象として扱われるようになったかを考えると、やはり、一九四一年の国民学校成立前後です。「正しい美しい日本語」が徹底させられるわけです。たしかに、一九〇〇年の小学校令によって国語が成立し、標準語文体が構成され、支配的言語として浸透していくんですが、多くの学校では教師も方言を使っていたし、子どもたちも方言を使っていた。

しかし、学校のなかで方言を使うことがチェックされ、美しい日本語、正しい日本語を使わなければならないという教育が国内に徹底されるのは、植民地教育の逆輸入においてです。しかも、「正しい美しい日本語」という目標は、戦後の民主教育の運動のなかにさえ引きつがれてしまったという問題がある。

栗原　朝鮮の場合だと、最初のころは、日本の用意した公立学校に就学した児童の数は二、三パーセントで、圧倒的多数は朝鮮の私立学校と、李朝以来の書堂――これは日本の寺子屋のようなものですが、そういったところに行っていて、彼らは国権回復とか民族独立という方向を培っていた。代々の朝鮮総督府がそれを必死になってなんとかしようとしたわけでしょう。それでも、就学率がいちばん上がったときだって、二、三〇パーセントだと思います。皇民教育にやっきになったけれども、それをかいくぐっている朝鮮人がたくさんいたわけです。日本の教育もそういうところがないか。バナキュラーなことばで語っている人びとの教育というのが、やはりあるのではないか。

国民経済が成立して、同時に国民教育も普及して、とりわけ戦後の高度経済成長期には、それがほぼ完璧なかたちになった。その一九六〇年代の高度経済成長期というのは同時に、労働組合が春闘方式をとるようになったり、学校が現在のような装置になって、それから家庭も小家族になり、会社のあり方も定まった。六〇年代を通じて形成されたこうした近代的な装置が、八〇年代以降において揺らぎだしている。これはじつはフォーディズム的な国民経済が、都留重人《つるしげと》氏の言い方にしたがえば、国民経済の黄昏を迎えているわけで、レギュラシオン学派のいう、産業革命以来のいわゆる経済の第一の峰がもう終わりかかっていて、いまは、第二の産業の峰が現れようとしている。内外から国民国家再編の動きが進んでいる。

つまり、多国籍企業などの巨大企業が中心になって動くような、大量生産・大量消費ではもたなくなって、日本のトヨティズムも限界があって、ではどうなるかというと、一つの方向性として見えてきたのが、地域の共同体に根ざして、クラフトとコンピューター制御の小型汎用機械をドッキングさせた産業のあり方です。企業間のリサイクル・ネットワークもここに含められる。むしろ遅れた地域のなかから生まれてくる、地域の共同体に根ざした分散型の企業です。エコロジカルな共同体を育てていくような企業といった方向が生まれてきた。それから、地域分権と自治という問題は、むしろ中央でなく地域からそういう方向が出てきていて、すでに条例化も行なわれつつある。原発設置をめぐる住民投票の例などがあげられます。そうすると、教育だけが、ひとり高度経済成長時代のシステムのまま残っていられるわけがない。

近代の社会装置が揺らぎ、個の可能性がみえてきた

佐藤　国民国家の再編はグローバルな帝国主義の普遍化として進んでいますが、地域レベルでみてみると、別の動きがありますね。九五年から九六年にかけての大田沖縄県知事(当時)の行動は快挙だったと思います。その沖縄でいうと、琉球民謡はいまでも年間に百曲以上、創作されているんです。蛇三線《じゃみせん》でたえず民謡が創作されている。そういう文化の重層性をもっているんですね。その琉球民謡のうえに重層的に、ニューミュージックもあればロックもあり、クラシックやジャズなどもある。文化が重層構造をもったなかに、共同体的なものが構成されている。国民国家はいままで平面で切りとってきていましたけれども、縦に切って個別にみていきますと、いろんな可能性が出てくるんです。

学校教育でみてみますと、琉球語を話す子どもたちがいて、彼らは学校の教師たちとやりあった子どもたちなんです。学校から落ちこぼれてしまったり、学校を逸脱してたむろする子どもたちが琉球語で会話している。いまの子どもたちをみても、国民国家にからめとられている子どもたちだけでなく、個別にみれば国民教育の均一のシステムからズレている子どもたちもたくさんいるんですね。そういう逸脱やズレをつないでいくということが、いちばん大切だと思います。

栗原　登校拒否がすごく増えています。その登校拒否した子どもたちが自律することを学ぶ塾だとか、新しいネットワークなど、国民教育から落ちこぼれているところでむしろおもしろい動きがある。その意味では、一方で、八〇年代に進行したことというのは、六〇年代に形成された近代的な社会装置が揺らいで、そこから個が漂いだしたという状況だと思うんです。そこで、他方では国民国家と国民教育の再編・強化が始まっている。たとえば、新しい学力観とか、あるいは個性化とか、古い証文を引っぱりだして新しい装いのもとに提出することをやっている。

しかし個人化というのはとめどもなく進んでいくというところがあって、たとえば薬害エイズの問題をめぐって、川田龍平さんが個人名を名乗ることがあって、学生たちが彼を支援したんです。それで厚生省のまわりで人間の輪ができた。この人間の輪に厚生省はショックを受けた。それが、間接的だけれども資料を開示することにつながりました。水俣病などは、薬害エイズのケースに比べると本当にひどい状態ですが、これも考えてみれば、一九六〇年代の半ばまで、通産省や環境庁は工場廃液の垂れ流しを認めていたんです。

そのときに、現在の薬害エイズのケースのように課長が個人名で出てくるようなことはなく、「当局」だったし、「水俣病患者の皆さん」だった。

それがようやくいま、違う方向にいこうとしている。水俣・東京展(九六年九~十月)では、メインの展示が水俣病患者の遺影展で、各遺影の下に一人ひとりの個人名と、彼らがどう生きたかということがわかるように二、三行の説明を記したのです。そうするとその遺影のまえで、われわれは「一般市民」ではいられなくなるんです。私は私で個人的な存在にならざるをえない。そういうかたちで、個人で考えようという人たちが、再度ネットワークをつくろうというわけです。

そういうふうに考えると、個人化の動きというのはひじょうに重要で、教育の問題にしろ、従軍慰安婦の問題にしろ、あるいは戦後責任の問題にしろ、共通に現れている。戦争責任についてみると、敗戦直後の一億総懺悔《ざんげ》からはじまって、軍部悪者論、そして一九九五年が戦後五十年で、この年以降、かつてフィリピンで戦った敗残日本兵が、自分個人の問題として、余命を数える年になって、ルソン島を敗走しながら人肉を食ったことの懺悔と謝罪、巡礼の旅に何度も足を運んでいるんです。これは個人的な行為です。こういう個人化ということが、さまざまな領域で重なってきていると思います。

教育の問題も、個人の次元でとらえなおされるべきです。地域で始まっている個人と個人のバナキュラーな共同性が、ネットワークというかたちでつながっていく。もし可能性があるとすれば、そういうところに生まれ変わった教育の姿があるのではないかと思います。

異質な存在の個と個がつくる対話的デモクラシー

佐藤　現在、個人の次元で二つの分極化が起こっています。一つはネオ・リベラリズムの系譜で、強い自己であることが前提になって、弱い自己が棄民《きみん》化されつつあります。子どもを保護してきた近代の二つの装置であった学校と家族が崩壊している状況で、子どもたちがあふれだしている。夜にコンビニエンス・ストアなんかに行くと、どこでもたむろしていますでしょう。この棄民化状況は一方で、アイデンティティー・クライシスの問題を深刻にし、他方で暴力の問題も発生させている。栗原さんがおっしゃられたのとまったく同じで、もう一回、個に戻ろうというかたちから、ライフ・ポリティクス——つまり自分たちの生活づくりを政治学的に構成する実践が必要です。

もう一つは、リベラル・デモクラシーに対抗して、対話的デモクラシー(ギデンズ)が模索されている。つまり、フェイス・トゥ・フェイスの対話をずっと組みあげて、教育とか福祉の問題とか生活の問題を再度立ちあげていく運動が、現在、進められている。これは小さい単位の運動なんだけれども、構造的には大きな問題をかならずはらんでくる。川田さんの薬害エイズの問題がそうであったように、登校拒否の問題ひとつをとっても、リベラル・デモクラシーの言説のように国家と市民社会をわけていく議論の仕方では解決しようがない。むしろ、ライフ・ポリティクスと対話的デモクラシーだと、両者がとけこんだかたちで権力構造が見えてきますから、身近な衝突と折りあいをくり返しながら、権力関係を織りなおしていくことが、これからの教育の課題だし、重要なポイントだと思います。

栗原　戦後の民主主義というのは、世代内の利害調整ということだったと思うんです。それを多数決でまとめてしまって、そうするとつねに多数派の利益が先行して、たとえば被害者である水俣病患者たちは損害賠償で補償すればよいという論理しかなかった。彼らが本当は何を望んでいるかというと、「自分の死んだ子どもの命を返せ」というふうにしかいえないわけですが、しかし彼らが本当に言いたいのは、これから生まれてくる子どもたちに同じ苦痛を経験させないでくれということなんです。その発想というのはじつは、時間軸のうえでの対話的な民主主義です。死んだ人との対話ももちろん含まれるんだけれども、これから生まれてくる子どもたちとの対話でもある。その意味で、民主主義というのは異なる世代の対話から成り立つものです。民主主義というのはつねに、ある同一の規範への同化ではなくて、異質な存在が、オートノミー（自律性）と自分のアイデンティティーをより明確にしていきながら、その意味では差異があっていいし、その差異を強めるようにしながらお互いが活性化していくようななかたちのことです。

コミュニケーションが、同じ秩序、コード内での合意形成を目指し、なかよくしましょうというところにいってしまうのは、これは教育の根にある特殊日本的な問題です。それを越えるべく、篠原資明氏が「異交通」という概念を提示している。異なるコードがあるときに、その差異をないことにするとか、多数派のほうに引きこむとかいうことではなくて、互いの差異と自律性を活性化しつつ、異なったコードのあいだでの対話が成り立つのはいかにしてかを問うことになる。いままでのコミュニケーションを越えてしまう異交通ですから、そういう意味では世代間の民主主義と、異なるコードのあいだの交通という意味での異交通的な対話的民主主義をつくっていくことが求められる。

佐藤　戦後においても国民教育が再生産されたわけで、憲法にしても、もともとマッカーサー原案では、〈people〉の主権、つまり人民主権で、国民主権ではなかったですね。この〈people〉という概念を教育の言説のなかに、レトリカルな政治参加としてもちこんだのは市民運動だと思うんです。一九七〇年代のなかばです。水俣病にとり組んだ人たちをはじめ、さまざまなかたちで市民が政治と教育に参加していった。そのときの people は絶対、集団にまとめることはできない。一人ひとりみな、個なんです。個の差異というのが基本的な前提で、そのすりあわせが民主主義の概念として再定義されたわけですね。

そういう構造のなかで教育をもう一回、考えなおしてみる必要がある。われわれがいままで常識と考えていた教育が、いかに国民国家という枠に縛られていたものか、虚構の共生のユートピアであったか、あるいは欲望ナチュラリズムに無意識に束縛されていたかが、わかると思います。ちなみに、教育のサービスというのは商品になりますから、二十一世紀はマルチ・メディアを含めて市場空間というものが、新しい国民国家を再編成する主要な構成要素となり推進力になっていく。そうすると、個から出発して公共性を探ることは、いっそう重要ですね。

最近の有事法制を求める安保条約の再定義にしても、仮想敵をアジアに設定して、戦前と同じ構図になっています。しかも、防御区域は中東を含んで地球の半分を覆うところまで拡大されている。この帝国主義の世界戦略のなかでの軍事的な変化、経済的な変化と、いまの教育改革は連動している。それに巻きこまれない拠点をつくることを、私は「リプレイス」(replace)と呼んでいます。自分たちの生きている場所を、生きる場所として再構築しよう、学校を学校として再定義しよう、家庭を家庭として再定義しよう、地域を地域として再定義しよう。そういうかたちのなかに教育という営みを再度、組みなおしていくことが、現在の社会において闘う基本戦略かなと思います。

栗原　市場化の戦略の他方で、行政・国家的な意味での公共性の再建という言い方がありますが、そのいずれでもないわけです。逆にいうと、市場化と国家的な公共性の問題とは、どうみてもドッキングする。だから、市場化を通じた行政的な公共性ではなく、やはりpeopleの多層的な公共性、「異交通」的公共性が、まさに下から呼びだされているわけです。

佐藤　そういう視点であらためて同じ教室を見ていくと、子どもの見え方が違ってきますね。子ども一人ひとり、背負っているものや抱えているものが違っていて、一人ひとりが個でしかありようがない。みな、だれもが喘《あえ》いでいるし、うめいている。生活にまとわりついたものの全体のあみ直しを、いっしょに考えなければならない。そうすると、いままでのような教化の関係、家父長的に親や教師が教えるという構図にはならない。子どもといっしょに大人も自分の抱えているものをすりあわせていくという、新しい教育関係が生まれてくる。事実、いま進んでいる教育実践は、子どもと大人が対等に歩むかたちでしか実らないところにまできていると思います。

暴力を越え、イデオロギーをのりこえる身体の獲得へ

佐藤　教育と暴力の問題に話題を移しますが、国民国家は暴力装置ですし、国民教育は軍隊教育とセットでしたよね。日本の近代化において、軍隊をモデルとする学校はひじょうに普及したんです。軍隊の教育への影響は大きい。たとえば、いま、親による虐待の問題が出てきていますし、子どもの人権でいうと、日本では親を選ぶ権利が無効化されていることと、家庭と学校の暴力の問題が、世界各国と比べて深刻ですね。この暴力的な教育の仕方は、軍隊教育のなかで培われ、学校と家庭で再生産されたものだと思います。

と同時に、学校という装置の暴力性、教師の体罰だけを批判することでは事柄はすまなくなっている。さきほど、学校は崩壊しているといいましたが、じつは社会全体が急速に学校化している。企業内教育もそうだし、マスメディアもそうだし、インターネットまで含めて学校化されてしまっている。しかも、日本社会の学校化現象は過剰で、これが暴力装置として機能している。社内研修なんか学校以上に暴力的な管理になっていて、人格破壊的です。

ですから、装置としてつくられた学校の暴力性と、学校化された社会の暴力装置にどう対応するかということが一つと、もう一つは、そこから逸脱している子どもたちが、やはりアイデンティティーの危機を抱えて暴力に走っているという、この二つの状況をどう考えるかが大きな問題だと思います。

栗原　国民教育それじたいが、国民国家による暴力的な「暴力の処理方式」だった。たとえば、フロイトが

十九世紀の社会で精神の病の問題をとりあげたときに、背景には家庭内や学校での教育のむきだしの暴力の問題があった。寝るときに、まっすぐ寝るために、鉄のヘッドギアのようなものをつけて固定化して寝させるというむきだしの強制から始まって、さまざまな教育の暴力がある。

しかし、いまの教育というのはそうではなく、いかにも暴力ではないかのような暴力、というやり方をとる。機能的なもの、産業的なもの、市場的なものが教育のなかに入ってくる。これはいわばシステムの植民地化の問題ですが、佐藤さんがさきほどいわれた逆植民地化の方向もある。学校的なもの、あるいは家族的なものが機能的なシステムのほうにも入ってきていて、ソフトな管理を生みだします。植民地化と逆植民地化の交差路に学校があるんです。まして学校は、建てまえとしては民主主義の砦なのですから、管理のあり方というのは一見、民主主義的にみえるし、むきだしの暴力を使わないわけで、その意味では竹刀をもって叩くなんていうのは古めかしい暴力です。学校のなかで行なわれているのは、おもにソフトな管理の暴力なんです。ネオ・リベラリズムの文脈のなかで、象徴管理と感情管理をする権力による暴力の問題を、あらためて考えなければならないと思います。

学校だけで管理をやめようではないかといっても、実際は管理がおしまいになるということはありえない。社会全体で学校化という問題を解かなくちゃならないんですね。象徴権力の作用としての学校化という問題を解くことに関連するのは、二十世紀の権力の病としてのジェノサイド(大量虐殺)の問題をどう解くか、ということですね。アウシュヴィッツが典型的にいわれるわけですけど、水俣だってジェノサイドですね。

海からのジェノサイドです。そこで一貫している論理は、多数派のシステムの利益とか幸福とかを最大にするためには犠牲者がかならず生まれるから、その犠牲者に対しては損害賠償でバランスをとる、という損害賠償の均衡説です。その考え方でつねにやってきたんです。

これは教育でもそうです。教育の達成度には、つねに落ちこぼれがでて、これは多数派の教育のためにはいたしかたないという論理です。そしてその処理の仕方がものすごく暴力的で、ジェノサイドといっていいですね。その犠牲者の視点から世界観を組みかえていくということが大切なんです。たとえば、水俣病患者の視点から考えると、産業発達というのは後ろにひき返せない大前提であるという見方はひっくり返るわけですね。むしろ産業を縮小しなければいけないとか、地域のマージナルな(周縁的な)人たちが幸福に生きていくために、企業のあり方をエコロジカルに変えていかなくてはいけない、という考えが出てくる。ジェノサイドの視点というのは徹底的に犠牲者の視点から考えていくことだとすると、教育の問題だって、非暴力の問題にゆきつきます。

西洋型の暴力の処理方法は、よくいわれることですが、犠牲の山羊をつくって、それを排除することで統合を獲得する。これはジェノサイドの思想につながります。たとえば、人種だとか女性だとか子どもだとか、「原住民」とかいったカテゴリーがありうるわけですが、そういう犠牲の山羊をつくって近代はやってきたんです。そういう暴力の処理方法ではもう限界ですね。そうすると、犠牲の山羊を出さない、排除しないあり方が求められる。いろいろなものを統合すればいいという、インテグレーションはいいことだという発想それじたいも考えなおす必要がでてくる。さきほどの個のオートノミー（自律性）の問題もそこに出てきます。暴力の処理方法を変えていくということは根源的な問題ですね。

佐藤　学校の管理システムという見えない暴力が作動していて、教師も見えない暴力にとり囲まれている。この見えない暴力は、戦前の軍隊教育のように直接的なものではない。たとえば、登校を拒否すれば、その子どもはそこからは逃れられますが、別のかたちの暴力的な縛りにとり込まれてしまう。学校のなかにいる子どもたちも締めつけられている。その要因の一つは自己実現幻想で、戦後ずっと支配しています。それに日本型のなんともいえない温情主義のヒューマニズムがくっつきます。個性的であれと学校でいつもいわれているんですが、ぜんぜん個性的になれない状況がある。これは暴力ですよ。

そこからどうやってずれていくかということですが、身体のポリティクスが必要だと思います。身体の問題を権力の問題として見なおす必要があります。たとえば、子どもに学校とどうつきあうかを教える教育が必要だと思います。どう適応するか、どう反抗するかではなくて、どう距離をおいて、自分という個が個でありうるかを、身体技法として獲得していくことです。それから、ネオ・リベラリズムのイデオロギーとして、オートノマス（自律的）で自己完結的な個という幻想がありますね。このイデオロギーと闘わなくてはいけません。他者とつながるなかで私という個の生活をかたどり、外部とつながることで何かの始まりを獲得する、そういう身の処し方ですね。

栗原　身体のポリティクスということを佐藤さんはいわれましたが、これは宗教問題を考えるうえでも重要だと思います。つまり、既存の宗教というのはイデオロギーであり、権力です。信があるところに宗教があると考えられていますが、じつはそういう宗教観とは違う宗教観が、いま生まれつつあると思うんです。それはスピノザの宗教観です。そこには「信」抜きの宗教があるんです。それは、身体が信仰にもとづいて行為するというのではなくて、生命に照らされて動いていくんです。そこに「信」抜きの宗教的身体がたちあがるんです。それはむしろ、エコロジカルな光として世界を見ようということです。エコロジカルな世界との無媒介な交通です。それがじつは新しい宗教のかたちなんですね。それはオウム的な宗教の対極にあるものです。教典があって、教団があるものが宗教、と考えれば、そこではつねに差別化が進行します。

それは個別化なんだけど、世界から孤立するんではなくて、エコロジカルな世界からの照明の消失点に成り立っている何かなんです。この宗教的身体が、いや、宗教的ということばをつけなくてもいいんですが、そういう身体が成立する必要があるし、それはもっとも力がある身体なんです。自由に動いて他者と共振していく身体です。

佐藤　いまの状況をみていますと、大局的には世界的な国民国家の再編成と帝国主義の普遍化といっていいような状況が起こっています。もう一方で、それに対抗するのが、いまおっしゃった個の身体に戻るということです。教育というのは世代間の文化の伝承と再創造ですから、そこにどういう祈りをこめるのか、どういう人のつながりの連鎖を築きあげるのかを考えるときにきていますね。

あとがき——対話の教育学へ

教育についての語りは、とかくモノローグに終始しがちである。モノローグの言葉は、みずからの身体の波動を表現してはいるが、他者の身体と響きあうことはない。教育のいとなみが、絶えず人と人のあいだに生まれるとすれば、モノローグでしか語れない教育の言葉とはいったい何なのだろう。この矛盾に気づきおののいたのは、初めて大学の教壇に立ったときのことだ。それから三年間、私は教育学の失語症となり、断筆の日々を過ごしている。ふたたび、教育の言語で執筆活動を開始したのは、「身体の言語」（身体がつむぎだす言葉）と「経験の言語」（経験がつむぎだす言葉）で教育について語るスタイルを見出したときである。以来二十年になるが、いまでも「身体」と「経験」に忠実であることによって、言葉にたいして誠実であろうと努めている。

この二十年間、数多くの対談と座談の機会に恵まれてきた。多くは雑誌や本の編集者の企画によるものだが、新聞やテレビやラジオの企画もふくめると、その数は優に百回を超えている。自らの饒舌さに恥ずかしさを覚えないわけではない。しかし、講演だけはどうしても好きになれないが、対談や座談やシンポジウムはいつも新鮮でスリルに満ちている。本書に登場する谷川俊太郎さんや三善晃さんや栗原彬さんのように、これまで何度も語りあう機会に恵まれた人と対談する場合も、いつも新鮮な出会いと啓示を得られるから不思議である。ダイアローグという形式が思考と言葉を生きたものとし、モノローグでは見出せない真実の深淵を浮かび上がらせるからだろう。対談のさなか、私はいつも、主題の探究へと向かう求心力と、経験の差異が生みだす遠心力とのあいだの緊張した関係を感受している。かつてはひたすら対話者との響きあいを求めていたのだが、いまでは、対談中のわずかの沈黙やコミュニケーションのズレの妙味が貴重なものと思うようになった。それだけダイアローグの言葉に近づいたのかもしれない。

本書は、これまでの対談・座談のうち、身体と言葉について語りあったものを八編選んで編集した。いずれも、教育における身体と言葉について貴重な啓示を与えられた思い出深い対談と座談である。こうして編集してみると、本書に登場する人びとからじつに多くの事柄を学んできたことに驚く。対談していただいた人びとのジャンルの多彩さと思想の豊かさには驚くかぎりである。教育を語る私の言葉に真実性と越境性が少しでもあるとすれば、これらの人びととの交流の賜物にほかならない。

教育の語りに越境性を獲得することは、私の仕事の中心的な目標の一つであった。教育を支配している重苦しい閉塞感を打破するためには、教育にたずさわる者自身が自家撞着のモノローグから脱し、教育(教育学)の壁を内破するダイアローグの言葉を形成しなければならない。本書の対談者たちは、解剖学者、写真家、宗教学者、詩人、作曲家、中世演劇の研究者、建築家、文化社会学と政治社会学の研究者であり、いずれも教育学の外で活躍されているかたがたである。これら教育の外の卓越した人びととの越境した対話が、どのように教育の語りを豊穣にしうるのか、読者のかたがたに満喫していただければさいわいである。

『身体のダイアローグ』は対話の教育学の出発点である。それぞれの対談や座談が行なわれたときには意識していなかったことだが、本書を読みとおすと、身体の経験と表現を主題とする一連の対談と座談のなかで、私は一貫して「学び」と「ケア」と「祈り」の三つの主題を掲げて対話を遂行している。「学び」と「ケア」と「祈り」は、教育に浸透したニヒリズムとシニシズムを克服する核心的な主題であり、二十一世紀の思想の中心的な主題になることを予感している。

最後に、対談・座談に協力していただいた養老孟司さん、藤原新也さん、中沢新一さん、谷川俊太郎さん、三善晃さん、松岡心平さん、芦原太郎さん、鮎川透さん、趙恵貞さん、栗原彬さん、そして、『学び　その死と再生』『学びの身体技法』(ともに太郎次郎社)にひき継いで、インスピレーションあふれる絵で本書を飾っていただいた門坂流さんに感謝したい。また、数多くの対談・座談の記録を読み、本書の編集を行なってくださった太郎次郎社の北山理子さんにも感謝の言葉を記したい。本書が、読者のかたがたとの新たなダイアローグを触発し、教育の現実を揺り動かす「対話の教育学」を準備することを期待したい。

二〇〇二年二月

佐藤　学

初出一覧

★――本書は、これらの原稿をもとに、対談者による一部加筆・修正をくわえて編集した。

Ⅰ喪失する身体

◎教育における死と身体　×養老孟司
『ひと』一九九六年五月号、太郎次郎社

◎分裂する魂と肉体　×藤原新也
『週刊　読書人』一九九七年十一月二十一日号、読書人

◎魂の危機を越えて　×中沢新一
新対談・語り下ろし、二〇〇二年一月

Ⅱ表現する身体

◎ことばはからだぐるみで　×谷川俊太郎
リニューアル『ひと』Vol.5（二〇〇〇年五・六月号）、原題「ことばはいま、現実をつかめるか」太郎次郎社

◎創造という経験　×三善　晃・松岡心平
シリーズ「学びと文化」5『表現者として育つ』（佐伯胖・藤田英典・佐藤学＝編、一九九五年十一月発行）、東京大学出版会

◎装置としての学校　×芦原太郎・鮎川　透
『TOTO通信』第四十一巻六号（一九九七年十二月）、原題「小学校を建築のパートで分析する」東陶機器株式会社

Ⅲ交差する身体

◎若者たちの二十一世紀　×趙　恵貞
『論座』一九九九年一月号、原題「二十一世紀の『再生産』重視社会を担う子供たちに尊厳を」朝日新聞社

◎国民国家と教育　×栗原　彬
『現代思想』一九九六年六月号、原題「教育の脱構築：国民国家と教育」青土社

身体のダイアローグ
佐藤学対談集

二〇〇二年四月一日　初版発行
二〇〇四年三月十二日　二刷発行

著者……佐藤　学
デザイン……箕浦　卓
イラスト……門坂　流
発行者……浅川　満
発行所……株式会社太郎次郎社
東京都文京区本郷五-三二-七　郵便番号一一三-〇〇三三　電話〇三-三八一五-〇六〇五
出版案内ホームページ http://www.tarojiro.co.jp/
eメール tarojiro@tarojiro.co.jp
印字……株式会社コーヤマ
印刷……モリモト印刷株式会社（本文）＋株式会社文化印刷（装丁）
製本……株式会社難波製本
定価……カバーに表示してあります。
ISBN4-8118-0665-4

佐藤　学…さとう・まなぶ
一九五一年広島県生まれ。東京大学大学院教育学研究科博士課程修了。教育学博士。東京大学大学院教育学研究科教授。教育方法学。『米国カリキュラム改造史研究』（東京大学出版会）、『学び　その死と再生』『学びの身体技法』（以上、太郎次郎社）、『カリキュラムの批評』『教師というアポリア』『学びの快楽』（以上、世織書房）、『教育方法学』『教育改革をデザインする』（以上、岩波書店）など著書多数。

太郎次郎社の
単行本への招待

2004

●図版は古代文字の「漢字」（粟津潔）………
小社刊『分ければ見つかる知ってる漢字』より

●表示価格は二〇〇四年二月現在の
本体価格（消費税別）です

◉「漢字がたのしくなる本」シリーズ

伊東信夫・宮下久夫
篠崎五六・浅川満

複雑な漢字も部分に分ければ、小学校三年までに習う漢字の組み合わせです。その合理的なシステムを遊びながら学べる漢字学習の決定版。

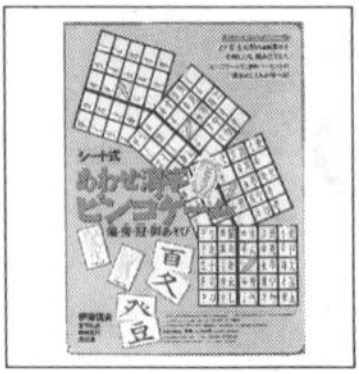

漢字がたのしくなる本テキスト全6冊

1 一〇一の基本漢字　2 一二八のあわせ漢字　3 一九〇の部首　4 一四六の暗記号　5 一四二の暗記号　6 漢字の単語づくり（各一〇〇〇円）

漢字あそびワーク全6冊

1 一〇一の基本漢字あそび　2 漢字合体術あそび　3 部首あそび　4 漢字の音あそび　5 形声文字あそび　6 漢字の単語あそび（各一一五五円）

101漢字カルタ（二八四五円）

絵からできた一〇一の基本漢字はやがて部首や音記号になる漢字の原子。

98部首カルタ（二八四五円）

もっともよく使われる九八部首とそれに分類される五五〇字をカルタで。

108形声文字カルタ（二八四五円）

部首＋音記号＝形声文字。複雑なあわせ漢字の構造がすんなり身につく。

単行本漢字はみんな、カルタで学べる（二〇〇〇円）

親と子の漢字学習マップ。カルタの遊び方・学び方のガイダンス。

十の画べえ漢字組み立てパズル（一八三五円）

漢字の組み立てと筆順をパズルで。どんな漢字も十の画でできている。

あわせ漢字ビンゴゲーム（一五三四円）

上下型・左右型の四八漢字を分解したり組み立てたり。偏旁冠脚ビンゴ。

部首トランプ（一八〇〇円）

二六の部首、一〇四のあわせ漢字、三九五の熟語・単語をトランプで。

幼稚園かんじカルタ（二〇〇〇円）

ひらがなよりもやさしく覚えられる、幼児のための大判漢字カルタ。